ERNST HELMSTÄDTER

Wirtschaftsförderung — für „Starke" oder „Schwache"?

Wirtschaftspolitische Kolloquien
der Adolf-Weber-Stiftung

Wirtschaftsförderung —
für „Starke" oder „Schwache"?

Grenzen rationaler Strukturpolitik

Von

Ernst Helmstädter

DUNCKER & HUMBLOT / BERLIN

CIP-Kurztitelaufnahme der Deutschen Bibliothek

Helmstädter, Ernst:
Wirtschaftsförderung — für „Starke" oder
„Schwache"? / Ernst Helmstädter. — Berlin:
Duncker und Humblot, 1983.
   (Wirtschaftspolitische Kolloquien
   der Adolf-Weber-Stiftung; Bd.10)
   ISBN 3-428-05384-2
NE: Wirtschaftspolitisches Kolloquium:
Wirtschaftspolitische Kolloquien der ...

Alle Rechte vorbehalten
© 1983 Duncker & Humblot, Berlin 41
Gedruckt 1983 bei Berliner Buchdruckerei Union GmbH., Berlin 61
Printed in Germany

ISBN 3 428 05384 2

Vorwort

Als 10. Band in der Reihe ihrer Wirtschaftspolitischen Kolloquien legt die Adolf-Weber-Stiftung die Ergebnisse einer Gesprächsrunde zwischen Vertretern von Wirtschaft und Wirtschaftswissenschaft vor, welche im Oktober 1982 in Frankfurt stattgefunden hat. Es handelt sich um das Referat von Professor Dr. Ernst Helmstädter, Münster, sowie die Ergebnisse der anschließenden Aussprache.

Die staatliche Förderungsgewalt sieht sich immer wieder dem Problem gegenüber, ob sie in erster Linie „stärkeren" oder „schwächeren" Unternehmen helfen soll — damit sie wieder stärker werden. Dies ist Grundfrage einer „Subventions-Philosophie", in der täglichen Arbeit der Behörden und Betriebe aber bleibt vor allem zu klären, nach welchen Kriterien hier „Stärke" oder „Schwäche" bestimmt werden sollen. Die Gesprächsrunde hat gezeigt, daß dies aus wissenschaftlicher Sicht schwer zu beantworten ist. Weithin Konsens bestand aber darüber, daß Subventionen nur vorsichtig und marktkonform eingesetzt werden dürfen und daß sie nicht nur Überlebenshilfen sein sollten.

All dies sind Fragen, die in einer wirtschaftlich schweren Zeit besondere Bedeutung erlangen.

Adolf-Weber-Stiftung

Inhaltsverzeichnis

Vorbemerkung 9

I. Erster Schritt: Szenarien für unterschiedliche Schwerpunkte der Wirtschaftsförderung 11
   1. Nachholwirtschaft: die fünfziger und die sechziger Jahre 11
   2. Depressionswirtschaft: technologische Arbeitslosigkeit .. 12
   3. Vorauswirtschaft: der Suchprozeß in Aktion 15

II. Zwischenbemerkung: zur Definition der „Stärke" 17

III. Zweiter Schritt: Wettbewerbstheorie 19

IV. Dritter Schritt: Strukturpolitik 24

V. Die leidigen Ausnahmen 30

Zusammenfassung der Aussprache 32
   1. Wirtschaftsförderung — eine Realität ohne Rationalität? .. 32
   2. Wer sind die „Schwachen", wer die „Starken"? 34
   3. Verbesserung der Rahmenbedingungen oder gezielte Hilfe? 39
   4. Strukturpolitik statt Wettbewerb? 42
   5. Strukturpolitik aus einem Guß? 45
   6. Arbeitsplatzsicherung durch staatliche Förderung? 48

7. Technischer Fortschritt — durch Staatshilfen lenkbar? 50
8. Internationale Wettbewerbsfähigkeit — eine Aufgabe des Förderstaates? 54
9. Grenzen der Förderung: Investitionslenkung — der „Subventions-Sozialstaat" 56

Vorbemerkung

Vordergründig scheint es bei diesem Thema* nur um die Subventionspolitik zu gehen. Aber damit wäre es zugleich auf die *direkte* Wirtschaftsförderung eingeengt. In einer Marktwirtschaft ist hingegen die *indirekte* Wirtschaftsförderung viel bedeutender. Und diese indirekte Wirtschaftsförderung über die *Rahmenpolitik* schließt die *Wettbewerbspolitik,* die *Innovations- und Wachstumspolitik* ebenso ein wie die *Strukturpolitik.* Hier wird deswegen die Frage der Wirtschaftsförderung in einer Marktwirtschaft spezifisch *wettbewerbs- und strukturpolitisch* verstanden. Nur aus der marktwirtschaftlich gebotenen *indirekten* Förderung sind die Maßstäbe zu gewinnen für die *direkte* Förderung, die ja nur Platz greifen soll, sofern der Markt selbst oder die indirekte Förderung nicht zum Ziel führen.

Weite Felder der Subventionspolitik haben einen *internationalen* Anstrich. Zu denken ist dabei vor allem an den Agrar- und Grundstoffbereich. Diese beiden Bereiche problemgerecht zu behandeln, würde jeweils ein besonderes Kolloquium erfordern. Sie müssen hier ausgeklammert werden.

Unter dem Zeichen hoher Arbeitslosigkeit ist selbstverständlich auch der hier zu betrachtende Politikbereich unter beschäftigungspolitischen Perspektiven zu sehen. Die Arbeitslosigkeit hat eine starke strukturelle Komponente und ragt somit unübersehbar in die Strukturpolitik hinein.

Das Thema soll nun in *drei Schritten* erörtert werden. Im *ersten Schritt* geht es mir um eine erste, gleichsam naiv-anschauliche

---

* Vortrag auf dem Kolloquium der Adolf-Weber-Stiftung zu dem gleichen Thema am 21. Oktober 1982.

Darstellung des Für und Wider der „Starken- oder Schwachenförderung", wie dies in der ersten Zeile des Themas anklingt.

Der *zweite Schritt* führt uns in die moderne Wettbewerbstheorie, die ja wesentlich darauf angelegt ist, daß es eine belebende Mischung aus „starken" Pionierwettbewerbern und „schwachen" Nachzüglern gibt. Wenn es der Wirtschaftspolitik gelingt, das rechte Mischungsverhältnis herzustellen, dann hat sie schon das Bestmögliche an indirekter Wirtschaftsförderung erreicht.

Für den im *dritten Schritt* zu behandelnden strukturpolitischen Aspekt sind im wesentlichen die Folgerungen aus der Qualität des *Wettbewerbsprozesses* zu ziehen. Die Strukturpolitik stand in den vergangenen Jahren allzusehr unter dem Gesichtspunkt des konzeptionellen Entwurfs einer rational zu erwartenden Wirtschaftsstruktur. *Aus dem Wettbewerbsprozeß als Suchverfahren folgt eine ganz andere Leitidee für die Strukturpolitik: die Sicherung der marktwirtschaftlichen Anpassungsfähigkeit, damit auf diese Weise der evolutorische Prozeß ständigen Strukturwandels bestmöglich bewältigt wird.*

I. Erster Schritt: Szenarien für unterschiedliche Schwerpunkte der Wirtschaftsförderung

Die indirekte Wirtschaftsförderung durch marktwirtschaftliche Rahmenpolitik kann unter verschiedenen Bedingungen des allgemeinen Wirtschaftsklimas unterschiedliche Schwerpunkte aufweisen. Es sollen dafür drei Szenarien skizziert werden, die bestimmten Phasen der Entwicklung unserer Volkswirtschaft entsprechen. Ich werde mit der *Nachholwirtschaft* der fünfziger und sechziger Jahre beginnen, dann die *depressive* Phase der ausgehenden zwanziger und der ersten dreißiger Jahre als allgemeines klimatisches Szenario voraussetzen, um schließlich zu der Phase einer Entwicklung an der äußeren Front des technischen Fortschritts, die wir in den siebziger Jahren erreicht haben, zu gelangen. Kurz sei gesprochen von der *Nachholwirtschaft*, der *Depressionswirtschaft* und der *Vorauswirtschaft*. Unter diesen drei Szenarien stellt sich die „Starken- oder Schwachenförderung", die wir uns jetzt etwas naiv stilisierend besehen, unterschiedlich dar.

1. Nachholwirtschaft: die fünfziger und sechziger Jahre

Unsere Volkswirtschaft ist durch den zweiten Weltkrieg von der Rolle des technischen Fortschritts und der Wohlstandsentwicklung der führenden Industrieländer abgekommen. Sie hat sich dann aber mit großem Erfolg in den fünfziger und sechziger Jahren an die Aufholjagd gemacht. Das Wachstumswunder jener Zeit war das Kind der *Nachholwirtschaft*.

Die indirekte Wirtschaftsförderung war durch die steuer-, geld-, währungs- und auch die arbeitsmarkt- und sozialpolitischen Rahmenbedingungen nachdrücklich auf die Förderung der „*starken*" Unternehmen und Branchen ausgerichtet. Ein genereller Ausdruck hierfür war die immense *Selbstfinanzierung* der Wirtschaft.

Die „*Stärke*" war nichts anderes als „*Gewinnstärke*". Der technische Fortschritt wurde importiert, das aus der Kriegszeit verbliebene Innovationspolster aktiviert. Das Risiko des Produktionserfolges war denkbar gering. Es herrschte ein allgemeiner Warenhunger, der wellenweise gestillt wurde.

Unter den Bedingungen der Szenarios der Nachholwirtschaft lag der Schwerpunkt der indirekten Wirtschaftsförderung über die Rahmenbedingungen eindeutig auf der Seite der starken, und spezifisch der gewinnstarken Unternehmen. Man mag darüber streiten, ob das Ausmaß der Förderung der Starken im nachhinein voll gerechtfertigt erscheint. Es hat uns die Überbeschäftigung und das Ausländerproblem beschert und möglicherweise hat das rasche Wachstum dann in den siebziger Jahren zu besonderen Schwierigkeiten geführt. Aber ohne Zweifel war die Schwerpunktsetzung zugunsten der „Starken" der Tendenz nach richtig.

Die „Schwachen" blieben gleichsam lautlos auf der Strecke. Hohe gesamtwirtschaftliche Wachstumsraten haben den Strukturwandlungsprozeß, der damit notwendig einherging, begünstigt.

Auch wenn ich damit vergröbere, so möchte ich doch festhalten, daß unter dem Szenario der Nachholwirtschaft die indirekte Wirtschaftsförderung eindeutig die „Starken" begünstigt hat, daß möglicherweise das Ausmaß dieser Förderung im nachhinein kritischer gesehen werden kann, daß aber die Richtung insgesamt gestimmt hat.

2. Depressionswirtschaft: technologische Arbeitslosigkeit

Das zweite Szenario, die Depressionswirtschaft, wird hier nur als Gegenbeispiel zu der erfolgreichen Förderung der Starken in der Nachholwirtschaft angeführt. Es soll nur zeigen, daß Situa-

I. Erster Schritt: Szenarien der Wirtschaftsförderung

tionen denkbar sind, in denen die Förderung der „Starken" das allgemeine Wirtschaftsklima verschlechtert.

Emil *Lederer** hat in seiner berühmten Studie über „Technischer Fortschritt und Arbeitslosigkeit" aus dem Jahre 1931 gezeigt, daß die durch technischen Fortschritt freigesetzten Arbeitskräfte nicht jederzeit an anderer Stelle wieder Arbeit finden: Der *Freisetzungseffekt* kann stärker als der *Kompensationseffekt* sein. Dies trifft insbesondere zu, wenn der technische Fortschritt auf Rationalisierungsinvestitionen fußt, aber auch, wenn er insgesamt zu rasch erfolgt.

Lederer wollte „die Bedingungen erörtern, unter denen dauernde Arbeitslosigkeit eintreten kann". Er formulierte sein Untersuchungsziel wie folgt: „Hier soll nachgewiesen werden, daß der technische Vorsprung die Grundlage für eine ganz bestimmte Form des dynamischen Prozesses sein kann, in welchem sich Gleichgewicht im theoretischen Sinne mit lange dauernder Arbeitslosigkeit verknüpft." (S. 2) — Dieser Satz enthält eine Reihe von Bezugspunkten, auf die später noch einzugehen ist.

Uns geht es hier nur darum, festzuhalten, daß eine wirtschaftspolitische Förderung der Investitionstätigkeit in diesem Falle keine wirtschaftspolitisch sinnvolle Maßnahme sein kann. Die Rationalisierungswelle der zwanziger Jahre, ermöglicht durch einen beträchtlichen Kapitalimport, hat gleichsam die Verdauungskapazität der deutschen Volkswirtschaft überschritten.

Die Unternehmen an der technischen Spitze sind in diesem Beispiel die „starken" Unternehmen. „Stärke" ist hier „Rationalisierungsstärke", möglicherweise auch Überlebenskraft, gewiß auch Rentabilität. *Lederer* sagt dazu: „Von der Durchschlagskraft der technischen Veränderungen wird es abhängen, in welchem Maßstab die Rentabilität der neuen Betriebe über der der alten liegt" (S. 106).

---

* *Lederer*, E.: Technischer Fortschritt und Arbeitslosigkeit, Tübingen 1931.

Nicht daß diese Unternehmungen „stark" sind, sondern daß ihre Stärke zu viele *andere* Unternehmungen *schwächt*, ist das Problem. *Lederer* weist darauf hin, daß bei einem „bestimmten Tempo" des technischen Fortschritts „sukzessive Unternehmungen gewinnlos werden, dann Verluste erleiden und schließlich ausrangiert werden müssen. Privatwirtschaftlich äußert sich das im Nachschießen von Kapital ohne Erfolg, im Zusammenlegen des Kapitals, in all den Formen der ‚Sanierung', die nur ausdrücken sollen, daß das investierte Kapital verloren ist" (S. 108).

Der technische Fortschritt entwertet vorhandenes Kapital. „Diese Wirkung der Kapitalzerstörung auf den Waren- wie Arbeitsmarkt kann sehr erheblich sein" (S. 111).

Man ist versucht, an dieser Stelle auf gewisse Parallelen zu unserer heutigen Situation hinzuweisen. Ich will mir diesen Hinweis ebenso versagen wie eine Betrachtung der damaligen wirtschaftspolitischen Handlungsspielräume oder eine Kritik der *Lederer*schen Thesen. *Es genügt mir die Feststellung, daß die Förderung der „Starken" nicht in jedem Fall die wirtschaftspolitisch vernünftige Strategie ist.* Das Umgekehrte: in einer solchen Situation dann eben die „Schwachen" zu fördern, darf daraus jedoch nicht gefolgert werden.

Die Rede war ja nur von *indirekter* Förderung über die Rahmenbedingungen. *Und auf diese Weise sind eben stets die „Starken" zu fördern! Die indirekte Förderung diskriminiert nicht nach „Starken" und „Schwachen", nützt aber gleichwohl faktisch dem „Starken" mehr als dem „Schwachen".* Es liegt also eine asymmetrische Wirkung vor. Die indirekte, marktwirtschaftlich zu rechtfertigende Wirtschaftsförderung beeinflußt die Rahmenbedingungen für alle Wirtschaftsunternehmen einheitlich; sie ist der Intention nach nicht-diskriminierend, faktisch jedoch nicht wirkungsneutral. Es ist nur auf das Beispiel der steuerlichen Absetzungsmöglichkeit der Investitionen zu verweisen. Solche Bestimmungen fördern faktisch die „Starken" mehr als

I. Erster Schritt: Szenarien der Wirtschaftsförderung 15

die „Schwachen". Sie bewirken, daß sich der Abstand zwischen „Starken" und „Schwachen" vergrößert.

Abschließend sei noch Friedrich List (1789 - 1846) erwähnt, der das Problem der „Stärke" und der „Schwäche" auf *internationaler* Ebene betrachtet hat. Ihm erschien der Entwicklungsvorsprung der englischen vor der deutschen Volkswirtschaft zu groß. Freie Konkurrenz unter so ungleichen Voraussetzungen mußte allein dem „Starken" zugute kommen und den „Schwachen" vernichten. Die Rahmenbedingungen freier Konkurrenz sollten nach *List's* Vorschlag für eine Erziehungsphase, d. h. vorübergehend, außer Kraft gesetzt werden.

3. Vorauswirtschaft: der Suchprozeß in Aktion

Das dritte Szenario habe ich die *Vorauswirtschaft* genannt. Gemeint ist eine Volkswirtschaft an der Spitze der ökonomisch-technischen Entwicklung. Diese Situation gilt heute für die meisten westlichen Länder und für Japan.

Ihre Ausgangslage unterscheidet sich von den beiden vorangegangenen Szenarios wesentlich dadurch, daß die Information darüber, was nun „Stärke" und „Schwäche" bedeutet, viel geringer ist. In der Nachholwirtschaft heben sich das fortgeschrittene Entwicklungsniveau, das es zu erreichen gilt, und das tatsächliche Entwicklungsniveau, aus dem man heraus will oder muß, deutlich voneinander ab. Auch die Wirtschaft, die sich mit einem vorübergehenden Erziehungszoll schützt, ist eine Nachholwirtschaft.

Zum Szenario der Depressionswirtschaft mit technologischer Arbeitslosigkeit tritt die Situation nicht ebenso klar zu Tage. Aber die Konturen „starker" und „schwacher" Unternehmen sind doch deutlicher voneinander abgehoben als in der Vorauswirtschaft. Unsere Entwicklung in den zwanziger Jahren trug zudem auch Züge einer Nachholwirtschaft. Neue Technologien wurden via Kapitalimport von außen importiert.

Für eine *Vorauswirtschaft* ist selbstverständlich ein bestimmtes Maß an technischem Fortschritt erforderlich, sonst droht der Rückfall. Die Nachfrageseite ist nicht so gut überschaubar wie in der Nachholwirtschaft. Es kommt nicht nur darauf an, kostengünstig zu produzieren, man muß auch den Absatz dafür haben. Über der Inputseite wie der Outputseite der unternehmerischen Betätigung lagern vergleichsweise dichte Nebelschwaden. Die richtigen Entscheidungen herauszufinden ergibt ein langwieriger Prozeß von *Versuch und Korrektur*. Die Erfahrung muß erarbeitet werden, es genügt nicht, sich an bereits gelungenen Vorbildern zu orientieren. *Kurz: es fehlt ein bereits erprobtes Entwicklungsleitbild. Die Entwicklung muß durch eigene Erfahrung Schritt für Schritt vorangebracht werden.*

Was nun in dieser Situation „Stärke" und was „Schwäche" ist, liegt nicht offen zutage. *Es muß erst entdeckt werden!* Der Wettbewerb ist das geeignete *Entdeckungsverfahren*. Eine Technologie mag unter gewissen Inputbedingungen als veraltet erscheinen, da sie aber möglicherweise nach der Outputseite Vorteile hat, beweist sie sich als „stark". Eine fortgeschrittene Technologie mag nicht absetzbare Produkte erstellen. *Über „Stärke" und „Schwäche" entscheidet der gesamte Marktkomplex auf der Input- wie der Outputseite.*

Die wirtschaftspolitische Strategie ist in diesem Falle zunächst einmal: *auf der ordnungspolitischen Ebene für die Funktionsfähigkeit des Wettbewerbs und für Flexibilität der Wettbewerber zu sorgen.* Ob die sonstigen Rahmenbedingungen, insbesondere der Steuerpolitik und auch der Geldpolitik, die die „Starken" stets mehr als die „Schwachen" fördern werden, die Investitionstätigkeit begünstigen sollen, ist nicht von vornherein als eindeutig entscheidbar anzusehen. Unter depressiven Vorzeichen könnte die faktische Begünstigung der „Starken" zu vermehrten Schwierigkeiten führen. Im andern Fall, wenn die Nachfrage Expansionsspielraum bietet, ist die Förderung der „Starken" die richtige Strategie.

II. Zwischenbemerkung:
Zur Definition der „Stärke"

Wir haben in drei unterschiedlichen Szenarien die Frage erörtert, ob die *indirekte* Förderung der „Starken" oder „Schwachen" angezeigt ist oder nicht. Es ergaben sich aus der *unterschiedlichen Ausgangslage unterschiedliche wirtschaftspolitische Strategien*. Wir sahen auch, daß die indirekte Förderung faktisch die Starken begünstigt. Wer die Schwachen fördern will, muß zu direkter Förderung greifen. Davon wird noch zu sprechen sein.

Zunächst ist nun aber eine Zwischenbemerkung erforderlich. *Was heißt eigentlich „Stärke" oder „Schwäche"*? Unter dem produktionstechnischen Gesichtspunkt wird man „Stärke" am Entwicklungsstand der zur Anwendung kommenden Produktionstechnik messen. Die neueste Produktionstechnik ist als die beste anzusehen. Wie anders hätte sie sich sonst durchgesetzt? Im allgemeinen wird man davon ausgehen können, daß die neueste Technik auch die rentabelste ist. Aber man kann Rentabilität nicht ausschließlich von der Inputseite her definieren. Die Outputseite ist genauso wichtig.

Es sind sogar Zustände denkbar, in denen die Outputseite dominiert. Man denke etwa an gewisse *Wachstumsindustrien*, die überwiegend einem Nachfragesog ihr Glück verdanken. Den dazugehörigen Unternehmen würde man durchaus „Stärke" zumessen, auch wenn sie nicht aus der Produktionstechnik bzw. dem technischen Fortschritt hervorgeht.

Der technische Fortschritt bringt nicht nur *Prozeß-*, sondern auch *Produktionsinnovation* hervor. Andererseits gibt es *neue* Produkte, die überhaupt keinerlei *technischen* Fortschritt voraussetzen. Was immer die Ursachen für die Kreation eines neuen Produkts sein mögen: eine Unternehmung, *die mit einem neuen*

II. Zwischenbemerkung: Zur Definition der „Stärke"

Produkt einen Markt erschließt, würde man als eine „starke" Unternehmung, eine Unternehmung mit Absatzchancen, bezeichnen.

Der einzig richtige Indikator für die wirtschaftliche „Stärke" einer Unternehmung ist ihre Rentabilität. *Unter „starken" Unternehmungen stellen wir uns einfach rentable Unternehmungen vor.* Die Rentabilität ergibt sich aus Input- und Outputfaktoren. Wir unterstellen dabei, daß die Rentabilität *nicht nur momentan besteht, sondern von einer gewissen Dauerhaftigkeit ist.* Wir setzen ferner voraus, daß diese Rentabilität sich bei regulären Knappheitspreisen ergibt und nicht etwa die Folge künstlich geschaffener Verzerrungen ist[*].

---

[*] Eine solche Verzerrung liegt auch vor, wenn die Entwicklungskosten eines neuen Produkts von der Pionierunternehmung alleine getragen werden, während Nachahmer ohne solche Kosten — zu früh! — an den Markt kommen. Die Rentabilität solcher Nachahmer fußt in diesem Fall auf externen Erträgen, die den eigentlichen Produktionsbedingungen nicht entsprechen. Eine solche Art von „erschlichener" Rentabilität ist nicht gemeint, wenn wir generell „Stärke" mit Rentabilität gleichsetzen.

III. Zweiter Schritt: Wettbewerbstheorie

Wenn Wettbewerb das Instrument des dezentral gelenkten, sozialen Suchprozesses nach rentablen wirtschaftlichen Aktivitäten ist, so fragt sich, was die *Leistungsfähigkeit dieses Instruments eigentlich ausmacht,* was *Wettbewerb überhaupt ist* und *wovon seine Intensität abhängt.* Dies sind die genuinen Fragen der *Wettbewerbstheorie.* Diese Fragen sind etwas enger gezogen als die nach dem Strukturwandel im Wachstumsprozeß. Es wird weithin das volkswirtschaftliche *Ergebnis* des Wettbewerbs ausgeklammert. Die Betrachtung ist im wesentlichen partialanalytisch auf einen bestimmten Markt bezogen.

Aber über den in jüngerer Zeit hervorgetretenen Gesichtspunkt des sogenannten *dynamischen Wettbewerbs* ergeben sich unschwer Verbindungen zu unserem Thema. Denn auch hier geht es um das Verhältnis von „starken" und „schwachen" Wettbewerbern. Ganz im Sinne der obigen Erörterungen ist der *„starke" Wettbewerber jener, der einen Entwicklungsvorsprung,* sei es auf der Input- oder der Outputseite, hat.

Die ältere Wettbewerbstheorie- oder die *Preistheorie* — erscheint im Lichte der *Theorie des dynamischen Wettbewerbs* als in sich widersprüchlich. Doch ist diese abschätzige Behandlung der traditionellen Preistheorie sachlich keineswegs gerechtfertigt[1]. Die Theorie der vollständigen Konkurrenz liefert eine Erklärung dafür, welcher Gleichgewichtszustand sich unter stationären Bedingungen einstellt. Es werden von dieser Theorie

---

[1] Zur tatsächlichen Bedeutung der Theorie der vollständigen Konkurrenz zu den ebenso ungerechtfertigten wie letztlich erfolglosen Angriffen der Theorie des dynamischen Wettbewerbs siehe: *Schmidbauer,* H.: Allokation, technischer Fortschritt und Wettbewerbspolitik, Tübingen 1974; *Willgerodt,* H.: Fehlurteile über vielzahligen Wettbewerb, Ordo Bd. 26 1975, S. 97 - 129.

III. Zweiter Schritt: Wettbewerbstheorie

Hinweise dafür gegeben, in welcher Richtung sich das System — schrittchenweise — bewegt, wenn das Gleichgewicht nicht von vornherein erfüllt ist; Stabilitätsbetrachtungen werden also angestellt. Aber der Wettbewerb als prozessualer Vorgang ist nicht eigentlich Gegenstand der Analyse.

Schumpeter hat den Zustand des stationären Gleichgewichts, der sich unter Konkurrenzbedingungen langfristig einstellt, als „Schlafmützenkonkurrenz" verspottet. Doch dieser Spott prallt an der Theorie der vollständigen Konkurrenz wirkungslos ab. Es geht ihr ihr ja überhaupt nicht um den *Konkurrenzprozeß* als solchen, sondern um die Analyse des *Zustandes* einer Wirtschaft, in der Konkurrenz lange genug gewirkt hat.

Zweifellos lebt ein Konkurrenzprozeß von den Anreizen, die er bietet. Wenn im langfristigen Gleichgewicht die Wettbewerber weder etwas zu gewinnen noch etwas zu verlieren haben, fragt sich sehr wohl, wofür sie sich noch weiter bemühen. Immerhin wäre eine mögliche Antwort: da sie zur Einkommenserzielung gezwungen sind, beteiligen sie sich weiter an dem Prozeß der ständigen Reproduktion des stationären Gleichgewichts.

Tatsächlich ändern sich die technischen und präferenziellen Rahmenbedingungen wirtschaftlicher Betätigung laufend, und in neuerer Zeit ist es noch keiner Volkswirtschaft gelungen, den stationären Endzustand zu erreichen. Dieser Zustand ist eine Fiktion — aber eine methodisch durchaus berechtigte und sachlich sinnvolle Fiktion. Sie hilft uns zu verstehen, was sich für ein Gleichgewichtszustand ergäbe, wenn sich die technischen und präferenziellen Rahmenbedingungen nicht ändern würden.

Sie ändern sich aber von selbst, und sie werden durch die wirtschaftlichen Aktivitäten gewollt verändert. Wir haben in Wirklichkeit eben keinen einmaligen passiven *Anpassungswettbewerb*, sondern höchst aktiven *Verfolgungswettbewerb*. Anpassungswettbewerb als Anpassung an *feste* Rahmenbedingungen und Verfolgungswettbewerb als tendenzielle Anpassung an

III. Zweiter Schritt: Wettbewerbstheorie

laufend und auch aktiv veränderte Rahmenbedingungen verstanden.

Die Theorie der vollständigen Konkurrenz ging davon aus, daß der Anpassungswettbewerb letztlich sein Ziel findet, die Wettbewerbstheorie betrachtet den Verfolgungswettbewerb als dauerhaften Prozeß. Es handelt sich also um zwei unterschiedliche Fragestellungen und nicht um alternative Wettbewerbsparadigmen.

Was lehrt uns die Wettbewerbstheorie bezüglich „starker" und „schwacher" Wettbewerber? Zunächst ist darauf zu verweisen, daß es in der Theorie des dynamischen Wettbewerbs etwas andere Bezeichnungen dafür gibt. Man spricht von „Bahnbrechern" und „nivellierenden Wettbewerbern" (H. Arndt)[2], von den Aktivitäten der „Kreation" und der „Verbreitung" oder „vorstoßenden" und „nachziehenden" Wettbewerbern (E. Heuß)[3]. Diese Bezeichnungen stehen nicht im Widerspruch zum Stark-Schwach-Schema. Dieses stellt lediglich ein gröberes Muster dar.

Die Voraussetzung eines solchen dynamischen Wettbewerbs ist offensichtlich die Existenz und die immerwährende Wiedergeburt von Pionieren und Nachahmern. Die Pioniere tragen das höhere Risiko, haben aber auch die besseren Gewinnchancen. Die Nachahmer leben weniger riskant, heimsen dafür aber auch keine Pioniergewinne ein. Beide Rollen müssen besetzt sein, damit es vorangeht und die neuen Errungenschaften Allgemeingut werden.

Gefahr droht, wenn das rechte Mischungsverhältnis beider Rollen verfehlt wird. Wie es sich einspielen soll, *wie es gestaltbar ist, bleibt jedoch im Grunde ungelöst.* Nach *Kantzenbach* bietet das sogenannte weite Oligopol die besten Voraussetzungen für funktionsfähigen dynamischen Wettbewerb, weil „Gewinn-

---

[2] *Arndt,* H.: Schöpferischer Wettbewerb und klassenlose Gesellschaft, Berlin 1952.
[3] *Heuß,* E.: Allgemeine Markttheorie, Tübingen 1965.

chancen, Existenzrisiken und Finanzierungsmöglichkeiten besonders günstig kombiniert" seien[4]. Bei zu kleiner Konkurrentenzahl seien unfruchtbare Machtkämpfe, bei zu großer Zahl ruinöse Konkurrenz die Folge.

Die von *Kantzenbach* angeführten Gesichtspunkte für die optimale Wettbewerbsintensität sind den *Lederer*schen Überlegungen zur optimalen Fortschrittsgeschwindigkeit gar nicht unähnlich. Gleichsam auf die *Zeitachse* gesetzt laufen sie darauf hinaus, daß der zeitliche Vorsprung des Pionierwettbewerbers so bemessen sein sollte, daß er mittels temporären Gewinns seine Investitionsrisiken abdecken kann, daß ihn also die Verfolger nicht zu früh einholen. Unter wenigen großen Konkurrenten vermag keiner vor den übrigen einen entscheidenden Vorsprung herauszuholen, bei zu vielen Wettbewerbern schmilzt der erreichbare Vorsprung zu schnell in sich zusammen. Somit fehlt in diesen beiden Fällen der rechte Anreiz für den vorstoßenden Wettbewerber.

Der dynamische Wettbewerb als effizienter sozialer Suchprozeß nach neuen und besseren Möglichkeiten wirtschaftlicher Produktion verlangt die Rollenverteilung auf zwei Aktivitäten: *Vorstoß und Diffusion* (Verbreitung).

Es gibt eine optimale Mischung dieser Rollen[5], die zweckmäßig am Zeitbedarf für die Abdeckung der Investitionsrisiken der vorstoßenden Wettbewerber zu orientieren ist. Optimale Fortschrittsgeschwindigkeit im Sinne *Lederers* und optimale Rollenverteilung bei funktionsfähigem dynamischen Wettbewerb entsprechen einander.

Im Sinne unserer obigen Definition sind die vorstoßenden Wettbewerber wegen der von ihnen zu erzielenden höheren

---

[4] So *Schmidt*, I.: Wettbewerbstheorie und -politik. Eine Einführung, Stuttgart 1981, S. 10 zu *Kantzenbach*, E.: Die Funktionsfähigkeit des Wettbewerbs, 2. Aufl. Göttingen 1967.

[5] Ob dieses Optimum nun gerade beim weiten Oligopol gegeben ist, sei dahingestellt. Siehe die kritischen Anmerkungen hierzu bei *Willgerodt*, S. 115 ff.

III. Zweiter Schritt: Wettbewerbstheorie

Rentabilität die „Starken", die nachziehenden Wettbewerber wegen ihrer geringeren Rentabilität die „Schwachen". Beide werden benötigt. Unter dem Gesichtspunkt der Wettbewerbstheorie sollte, wenn die optimale Rollenverteilung gegeben ist, keiner der beiden Rollenträger durch die Wirtschaftsförderung vor dem anderen bevorzugt werden.

Wenn die „Starken" im Polypol zu rasch eingeholt werden, kann die indirekte Förderung ihnen hilfreich sein. In der Situation des Vorsprungpatts unter wenigen großen Wettbewerbern ist mit der indirekten Förderung jedoch nichts auszurichten.

IV. Dritter Schritt: Strukturpolitik

In einer Marktwirtschaft lenkt der dynamische Wettbewerb die Allokation der Produktionsfaktoren und der Outputaktivitäten. Sein Ergebnis schlägt sich in einem fortwährenden Strukturwandel nieder. Man kann nun dieses Ergebnis des Strukturwandlungsprozesses zum Ausgangspunkt einer neuen Fragestellung machen und nach Gesetz- oder Regelmäßigkeiten suchen. Die darauf einwirkende Politik nennt man Strukturpolitik. Sie hat eine sektorale und eine regionale Orientierung. Uns interessiert nur die *sektorale* Strukturpolitik*.

Es geht um die Möglichkeiten einer „rationalen" Strukturpolitik. Diese müßte auf Einsichten fußen, nach denen im Sinne unserer Fragestellung „starke" und „schwache" Sektoren unterscheidbar wären.

Ausgehend von der Wettbewerbstheorie stehen wir vor einer ersten Schwierigkeit. Wir sahen, daß dynamischer Wettbewerb eine Rollenverteilung auf „Starke" und „Schwache" verlangt. Sie bezieht sich auf einen Markt oder möglicherweise auf einen Sektor (wenn dieser den betreffenden Markt versorgt); in jedem Fall konkurrieren die beiden Kategorien von Wettbewerbern um die *gleiche Nachfrage.*

In einem gewissen Sinne konkurrieren aber alle Produzenten um die gesamte Nachfrage. Man könnte die Anbieter nach Sektoren unterteilen und einen dynamischen Wettbewerb der Sektoren um die gesamte Nachfrage unterstellen. Dann wäre es zumindest denkbar, daß man für diesen *dynamischen Sektoren-*

---

* Siehe zur sektoralen Strukturpolitik: *Seidenfus*, H. St.: Sektorale Wirtschaftspolitik. Allgemeiner Überblick, Wirtschaftswissenschaftliches Studium 9 Jg. 1980, S. 424 - 429; *Peters*, H.-R.: Grundlagen der Mesoökonomie und Strukturpolitik, Bern/Stuttgart 1981.

IV. Dritter Schritt: Strukturpolitik

wettbewerb um die gesamte Nachfrage die gleiche Rollenverteilung, die sich in der Wettbewerbstheorie bewährt hat, unterstellt. Wir hätten dann für die Leistungsfähigkeit des dynamischen Wettbewerbs der Sektoren eben auch „starke" vorstoßende Sektoren und „schwache" nachziehende Sektoren; *beide Rollen müßten besetzt sein.*

Eine solche wettbewerbstheoretische Begründung der Strukturpolitik mag im Falle eines alle Sektoren übergreifenden technischen Fortschritts (etwa im Energiebereich oder bei Antriebsmaschinen) eine gewisse Berechtigung haben. Aber sie wirkt insgesamt dennoch recht gekünstelt. Die Übertragung wettbewerbstheoretischer Einsichten in die sektorale Strukturpolitik durch Globalisierung der Konkurrenz zur Sektorenkonkurrenz erscheint jedenfalls wenig sinnvoll.

Zwischen den Sektoren bestehen nur vergleichsweise schwache Konkurrenzbeziehungen. Darüber hinaus gibt es das Phänomen der sektoralen Komplementarität oder der Interdependenz. Grundsätzlich besteht so die Möglichkeit, die sektorale Struktur und ihre Entwicklung als ein selbständiges Phänomen zu begreifen. Man ist nicht gezwungen, beim Wettbewerbsprozeß auf den einzelnen Märkten stehen zu bleiben. Zusätzliche Gesichtspunkte können, jedenfalls prinzipiell gesehen, zur Analyse der sektoralen Gliederung einer Volkswirtschaft herangezogen werden.

Im Prinzip ist es also denkbar, daß eine analytische Erklärung der sektoralen Struktur einer Volkswirtschaft gefunden werden könnte. Sie wäre die Basis einer „rationalen" Strukturpolitik, d. h. einer Strukturpolitik, die auf einer Konzeption einer zweckmäßigen Sektorstruktur beruht.

Nun müßte man eine solche Struktur nicht unbedingt *theoretisch* ableiten. Sie könnte sich ja tatsächlich einstellen und durch nachträgliche Beobachtung erfahrbar werden. Alle bisherigen Vorstellungen von der Sektorstruktur und ihrer Entwicklung sind in der Tat auf diese Weise gewonnen worden. Das berühmteste Beispiel ist die Drei-Sektoren-Hypothese. Sie basiert auf

Beobachtungen einer längeren Entwicklung und extrapoliert diese Entwicklung in die Zukunft. Plausibilitätsüberlegungen in der Form der Sättigungsthese und der Beschränkung des technischen Fortschritts auf die materielle Produktion werden ergänzend angeführt.

Die Drei-Sektoren-Hypothese hat in den ersten Gutachten im Rahmen der Strukturberichterstattung eine gewisse Rolle gespielt. Das Kieler Institut für Weltwirtschaft behauptete, daß durch die Unterbewertung der DM über Jahre hin der industrielle Bereich — der sogenannte sekundäre Sektor — gegenüber dem Dienstleistungsbereich — dem sogenannten tertiären Sektor — begünstigt worden ist. In der Sonne der unterbewerteten DM seien zuviele industrielle Produktionen, die im internationalen Wettbewerb anders nicht hätten bestehen können, künstlich am Leben erhalten worden. Der tertiäre Sektor hingegen sei unterentwickelt. Demnach hat der zu niedrige DM-Kurs dem sekundären Sektor künstliche Stärke und dem tertiären Sektor künstliche Schwäche beschert. Ich kann dieser These aus mehreren Gründen nicht zustimmen:

1. Nicht die industrielle Produktion war zu hoch, sondern ihr Kostenniveau. Der industrielle Sektor hat nach dem Wegfall der Unterbewertung der DM unrentabel gewordene Arbeitsplätze abgebaut, aber einen unveränderten Beitrag zur Wertschöpfung geleistet.
2. Die Überindustrialisierungsthese ist nicht durch internationalen Vergleich der Beschäftigungsanteile der Sektoren, wie ihn das Institut angestellt hat, zu belegen, solange die für richtig gehaltene Struktur unerklärt bleibt.
3. Das Einteilungsmuster der Drei-Sektoren-Theorie ist allenfalls für sehr langfristige Entwicklungen in der Vergangenheit hilfreich, für die Charakterisierung oder gar Prognose der weiteren Entwicklung ist es viel zu grobmaschig.

Selbstverständlich soll nicht bestritten werden, daß die Beobachtung regelmäßiger Entwicklungen in der Vergangenheit zu Vermutungen berechtigt, daß es so auch weitergehen wird. Viele

IV. Dritter Schritt: Strukturpolitik

praktische Aussagen von Ökonomen folgen ja genau diesem Muster. *Struktur*prognosen bieten der Extrapolation jedoch besondere Schwierigkeiten. Stets geht es um die Erklärung von sich ändernden *Anteilen* der Sektoren an der Beschäftigung oder der Wertschöpfung, von Produkten am Budget der Haushalte usw. Im Prinzip ist zu erklären, wie sich die Anteile stabilisieren werden. Da die Anteilssumme jeweils 100 % beträgt, die Anteile der Sektoren oder Produkte in aller Regel nicht Null werden, können über Anteilsgrößen nicht einfache Trendaussagen gemacht werden. Es ist vielmehr zu erklären, *wohin der Trend ausmündet*. Es geht also bei der Erklärung der Entwicklung von Strukturanteilen darum, *logistische* Funktionen oder *Sättigungsgesetze* der Anteile abzuleiten. Und dies ist weit schwieriger als die simple Trendextrapolation. Mit der Erklärung des Anteils eines Sektors liegt die Summe der Anteile aller übrigen Sektoren fest. Sind damit auch deren Anteile „erklärt"? Der Zusammenhang aller Komponenten eines Aggregats kann bei Strukturprognosen nicht außer acht gelassen werden. Sättigungsgesetze beim Verlauf der Sektoranteile und sektorale Interdependenz machen Strukturprognosen schwieriger als *Niveau*prognosen.

Die Beobachtung der bisherigen langfristigen Entwicklung der sektoralen Struktur liefert auch deshalb so wenig prognostische Tragfähigkeit, weil es sich um einen *einmaligen evolutorischen Prozeß* handelt. Genaugenommen wiederholt sich hierbei nichts in gleicher Weise. Dies ist evident bei der mit der materiellen Produktion verbundenen Stoffumwandlung. Das Entropiegesetz gilt: Das nutzbare Energiepotential des terrestrischen Stoffvorrats sinkt laufend ab. Unser Kenntnisstand (zumindest in den Naturwissenschaften!) nimmt laufend zu. Damit wandeln sich Bedürfnisse und Verhaltensweisen der Menschen. Keine Volkswirtschaft wirtschaftet im historischen Verlauf ihrer Evolution jemals unter gleichbleibenden technologischen und wissenschaftlichen Rahmenbedingungen.

Die prinzipielle Einmaligkeit des Strukturwandels ist die Hauptschwierigkeit, ihn „gesetzmäßig" im Sinne eines durch-

IV. Dritter Schritt: Strukturpolitik

gängigen Erklärungsmusters zu begreifen. *Es gibt weder eine verläßliche Stufen- oder Phasenfolge der Evolution noch andersgeartete Gesetzmäßigkeiten zur Erklärung des Ergebnisses der Evolution.* Darin liegen die Schwierigkeiten wirtschaftswissenschaftlicher Strukturanalyse begründet.

Sie sind insbesondere für Volkswirtschaften auf dem jeweils höchsten Entwicklungsniveau gegeben. Für demgegenüber weniger entwickelte Volkswirtschaften könnten noch am ehesten sektorale Entwicklungsmuster gefunden werden. Die Fehlleistungen darauf angelegter Entwicklungstrategien zeigen jedoch, daß es wohl auch unter diesen Bedingungen nicht möglich ist, den evolutorischen Prozeß vorausschauend zu erfassen.

Die Beobachtung des Entwicklungsverlaufs im nachhinein kann uns wenig Erkenntnisse liefern für die Begründung der strukturellen Entwicklung in der Zukunft. Gibt es Theorien, die mehr zustandebringen? Nach Meinung der meisten Strukturforscher herrscht auf diesem Gebiete ein beklagenswerter Zustand eines beträchtlichen Theoriedefizits. Richtig ist daran, daß es außer den wenigen sektoralen „Extrapolationstheorien" (Hauptvertreter: die Drei-Sektoren-Theorie) überhaupt keine Strukturtheorien gibt, die die Entwicklung der Sektoren in der historischen Wirklichkeit erklären. Ein Ausgangspunkt könnte etwa die Input-Output-Analyse sein. Sie müßte dann allerdings die Entwicklung der Endnachfrage in ihrer sektoralen Zusammensetzung und der Vorlieferungsnachfrage erklären. Mit der Annahme fester Inputkoeffizienten und der Vorgabe der Endnachfrage wäre es hier nicht getan.

Wenn gesagt wird, daß es keine Strukturtheorie gibt, so ist dies in anderer Hinsicht unzutreffend. Es gibt die Theorie des allgemeinen Konkurrenzgleichgewichts, die diesen Gleichgewichtszustand, sein Zustandekommen, seine Stabilität und seine Lösungsergebnisse erklärt. Bekanntlich ist diese Theorie weit von jedweder Anwendbarkeit entfernt. Das Datenbeschaffungsproblem ist ebenso unlösbar wie die konkrete Lösung im Falle vollständiger Information. Die Lösungszeit liegt auch bei

IV. Dritter Schritt: Strukturpolitik

Anwendung neuester Computer über der Überlebensdauer der Ausgangsdaten. Jede Lösung wäre inaktuell.

Eine generelle Lösung des Allokationsproblems wäre die Grundlage rationaler Strukturpolitik. Eine solche Lösung kann es nicht geben. Also gibt es auch keine rationale Strukturpolitik.

Glücklicherweise besagt die Nichtverfügbarkeit der generellen Lösung nicht, daß es auch keine Behelfslösungen gibt. Der Wettbewerb selbst ist ein praktischer Lösungsmechanismus, ein Verfahren zur Entdeckung vorhandener und zur Auffindung neuer Möglichkeiten der materiellen Versorgung.

Eine recht verstandene Strukturpolitik ist nichts anderes als Wettbewerbspolitik, die für die Rahmenbedingungen sorgt, damit der Wettbewerbsalgorithmus funktioniert und unsere Strukturprobleme löst. — So einfach ist das!

Unter den Bedingungen einer Vorauswirtschaft wird es darauf ankommen, die Suche nach *neuen* Möglichkeiten der materiellen Versorgung lebendig zu halten. Dies erfordert ein gesundes Spannungsverhältnis zwischen vorstoßenden und nachziehenden Wettbewerbern, oder wie wir verkürzend sagen können, von „Starken" und „Schwachen". Dieses Verhältnis bestimmt auch die Entwicklungsgeschwindigkeit. Sie ist optimal, wenn der mit dem fortwährenden Umstrukturierungsprozeß verbundene Faktortransfer gelingt, d. h. wenn sich Freisetzungs- und Kompensationseffekt die Waage halten.

V. Die leidigen Ausnahmen

Ich habe bisher nur die „reine" Theorie vorgetragen. Die „unreinen" Bestandteile der Wirklichkeit habe ich beiseitegelassen. Tatsächlich gibt es aber praktische Schwierigkeiten des Strukturwandels. Es gibt Strukturbrüche bei den Rahmendaten: die Ölpreisschocks, Freigabe des Wechselkurses, politische Spannungszustände. Es gibt ferner Fehler der wirtschafts- oder finanzpolitischen Steuerung. Kann der Wettbewerb, wenn er funktioniert, dies alles spielend verdauen? Und: funktioniert der Wettbewerb überhaupt?

Daß der Wettbewerb auch unter den heutigen Schwierigkeiten funktioniert, lehrt uns die jüngste Erfahrung. Ob er bestmöglich funktioniert hat, sei dahingestellt.

Daß die Verarbeitungskapazität des Wettbewerbs nicht unbegrenzt ist, sehen wir ebenfalls aus der jüngsten Erfahrung. Der Freisetzungseffekt überwiegt derzeit den Kompensationseffekt. Es gibt zuviele Sektoren und Unternehmungen, die ums Überleben kämpfen und zu wenig, die deren Faktorerbschaft übernehmen können. Die Zahl der „Schwachen" liegt zu hoch im Verhältnis zur Zahl der „Starken".

In dieser Situation gibt es auch nur vorübergehend „Schwache". Ihnen kann die traditionell verstandene Strukturpolitik durch *direkte* Wirtschaftsförderung über die Runden helfen. Das ist die von den „rationalen" Strukturpolitikern gelästerte „Strukturpolitik nach dem Feuerwehrprinzip". Ich streite der „Strukturfeuerwehr" nicht die Existenzberechtigung ab! Sie ist ein sozial gebotenes Instrument, das soziale Härten mildern und den Übergangsprozeß erleichtern kann. Auf die möglichen Gesichtspunkte, nach denen hierbei verfahren werden sollte, kann ich hier nicht eingehen.

V. Die leidigen Ausnahmen

Was kann die Wirtschaftsförderung zur Behebung der strukturellen Arbeitslosigkeit tun? Der vorstoßende Wettbewerb sollte in Richtung auf einen stärkeren Kompensationseffekt gelenkt werden. Dies ist über eine indirekte Wirtschaftsförderung *nicht* erreichbar. Eine zielgerichtete Innovationsförderung könnte wohl Abhilfe schaffen.

Zusammenfassung der Aussprache

1. Wirtschaftsförderung — eine Realität ohne Rationalität?

a) Die staatliche Förderungsgewalt ist eine mächtige Realität. Die hohe Staatsquote ermöglicht Wirtschaftslenkung durch Subventionen, sie ermuntert dazu. Das vielfältige Instrumentarium des Steuer- und Sozialstaates erlaubt ständige Veränderungen der Rahmenbedingungen der Wirtschaft, die als Staatshilfen aufgefaßt und überall in steigendem Maße gefordert werden.

Immer häufiger werden die gegenwärtigen Schwierigkeiten nicht mehr allein als Konjunktureinbruch gedeutet, hinter ihnen wird eine Strukturkrise der deutschen, vielleicht der Weltwirtschaft sichtbar. Muß dann aber nicht der Staat auf den Plan treten, nicht mehr nur als „Feuerwehr", sondern mit systematischer Förderung — von der Einzelsubvention bis zu Strukturpolitik? Über Strukturberichterstattung bemüht er sich um die nötigen Daten, in Subventionsberichten sollen Parlament und Öffentlichkeit Wege des Verständnisses durch den Dschungel der Staatshilfen geschlagen werden.

Ist hier „alles nur Politik", Machtbelieben der Staatsgewalt, die ihre Herrschaftsbalance halten will — oder lassen sich überzeugende objektive Kriterien der Staatshilfe, insbesondere der Förderungswürdigkeit bestimmen, ökonomisch begründen? Die Wissenschaft ist hier sicher in einer schwierigen Lage. Wie soll sie exakt definieren, wer „schwach" oder „stark" ist in der Wirtschaft, kann sie überhaupt den Begriff der „Förderung" bestimmen — und nicht zuletzt noch den der „Struktur", wenn doch heute schon „strukturüberwindende Reformen" gefordert werden? Und zudem noch in einer Marktwirtschaft — verträgt eine solche überhaupt Strukturpolitik in größerem Ausmaß, ist diese nicht stets ein Anfang von marktfeindlicher Investitionskontrolle?

So wurde denn auch in der Aussprache immer wieder die Frage laut, ob sich das Problem „Wirtschaftshilfe für ‚Starke' oder ‚Schwache'" überhaupt, ob es sich in dieser Form stelle. Sind hier nicht Nationalökonomie und Finanzwissenschaft überfordert, ist nicht doch Wirtschaftsförderung eine mächtige Realität der Politik ohne ökonomische Rationalität?

b) Mag die Staatsförderung auch vom Primat einer Politik beherrscht sein, deren Ziele sich rasch und durchaus nicht immer wirtschaftskonform wandeln — die staatliche Fördergewalt verlangt nach ökonomischen Entscheidungshilfen, Wissenschaft und Wirtschaft dürfen sich nicht verweigern; was die Theorie nicht zu leisten vermag, muß die Praxis durch Erfahrungen auszufüllen versuchen.

Ob „Starken" geholfen werden soll oder „Schwachen" — diese Frage hat sich einer der mächtigsten Konkurrenten der deutschen Volkswirtschaft gestellt und sie klar beantwortet: *Japan:* und nicht wenige sehen gerade darin ein Erfolgsrezept aus dem Fernen Osten, das sich übernehmen ließe, selbst wenn so vieles andere aus diesem eigenartigen Land, dieser weithin „geschlossenen Wirtschaft" unnachahmlich bleibt: „Schwach" sind den Japanern Unternehmen, deren langsamen Untergang der Markt erzwingt, „stark" die „wachsenden" wie die Computertechnik. In „schwachen" Bereichen, etwa bei Kohlen, Werften oder Aluminiumverarbeitung, hilft der Staat nicht, „stärkere" fördert er entschlossen, administrativ und finanziell, stets allerdings unter Achtung der Privatinitiative und des Wettbewerbs — aber eben zwischen den „stärkeren". Sterbehilfen werden vom Staat nicht gewährt, ökonomische Reanimation wird nicht versucht. Bei teilweiser Absperrung nach außen setzt Japan im Inneren entschlossen auf einen Markt, der bereits recht weitgehend liberalisiert worden ist, durch Bürokratieabbau ebenso wie in der Entwicklung marktkonformer Rahmenbedingungen.

Markt oder Rationalität — die Frage nach den Förderungskriterien, mehr noch: nach den Grundzügen einer „Förderungsphilosophie" stellt sich auch in der Bundesrepublik Deutschland.

2. Wer sind die „Schwachen", wer die „Starken"?

a) Die Ausgangsfrage dieser Gesprächsrunde, ob „im Zweifel" *Starken oder Schwachen* vom Staat geholfen werden solle, wird, soweit überhaupt eine Antwort möglich erscheint, überwiegend wohl zugunsten der stärkeren Unternehmen beantwortet. Zwar besteht Einvernehmen, daß es Bewerber unterschiedlicher „Güte" am Markt geben muß — den „Pionieren" eifert eben die „nachholende Konkurrenz" nach, sie leistet die nötige ökonomische Verbreiterung und Verteilung der Durchbruchserfolge der Starken, darin wirkt Marktdynamik.

Doch insgesamt sind es doch wohl die „Pioniere", denen zunächst die Aufmerksamkeit der Fördergewalt gelten sollte. Vielen „Schwachen" sei eben, nach allen Erfahrungen, überhaupt nicht zu helfen, weil menschliches Versagen an der Wirtschaft nicht laufend mit Gemeinschaftsmitteln ausgeglichen werden könne, weil hier sich noch immer ein Faß ohne Boden geöffnet habe. Grundsätzlich gelte es also, Schnelläufer noch zu steigern, nicht Überlebenshilfen zu gewähren. Dies wird vor allem für die Technologien betont, die rasche Fortschritte und Durchbrüche verlangten.

Die Förderungsentscheidung könnte also wohl in sehr vielen Fällen überzeugend „für die Starken" fallen — wenn diese zu definieren wären. Hier aber beginnen große, vielleicht in vielem unüberwindliche Schwierigkeiten.

b) Nicht wenige halten „Stärke" oder „Schwäche" in der Strukturpolitik ganz allgemein für *nicht definierbar*. Abgesehen von sektoralen Unterschieden — wer heute „stark" auftrete, könne morgen schon „schwach" sein; Dauerdurchsetzung im Wettbewerb sei entscheidend, wie aber solle sie vorausgesehen werden, wer könne wissen, wie „müde" ein Unternehmen wirklich sei? Dynamik möge ein Indiz abgeben; doch „Stärke" und „Schwäche" seien hier eben keine festen Größen, gerade der Wettbewerb ändere darin laufend alles.

Einigkeit besteht also lediglich insoweit, als jedenfalls diese Kategorien nach Bereichen unterschiedlich bestimmt werden müssen. Das „starke Unternehmen an sich" — das ist wohl kaum ein praktikabler Begriff der Strukturpolitik, und gerade die Wissenschaft meldet hier entscheidende Bedenken an.

c) Doch für andere, und vor allem Gebende und Nehmende der Förderungspraxis, kann dies nicht das letzte Wort sein. Bei der Direktförderung zumindest steht die Staatsgewalt unter Entscheidungszwang. Gesetze und ständige Verwaltungspraxis stellen Förderungskriterien auf, die es mit Sinn zu erfüllen gilt — von der „volkswirtschaftlichen Förderungswürdigkeit" bis zu jener Regionalförderung, bei der es auch auf „Prosperität" ankommen soll, bei welcher gefragt wird, wie hoch der Anteil der „aus der geförderten Region exportierten Güter" sei. Und auch der Beitrag zur internationalen Wettbewerbsfähigkeit (vgl. unten 8) wird immer wieder als Kriterium herangezogen. Bei alldem müssen dann noch Mitnahmeeffekte berücksichtigt werden.

Der Ruf nach „objektiven Kriterien" der Förderungswürdigkeit verstummt also nicht, allen grundsätzlichen Schwierigkeiten zum Trotz.

d) Übereinstimmung besteht weithin darin, daß gewisse Kriterien vielleicht bei einzelnen Fallgestaltungen oder -gruppen, *nicht aber durchgehend die „Förderungswürdigkeit" bestimmen können*. Dies gilt etwa für

— *die Qualität des Management:* Sicher liegen hier häufig die Gründe für Unternehmensschwäche, wie eben Begabungen unterschiedlich sind. Bis zu einem gewissen Grad wird das staatliche Urteil über die Qualitäten einer Unternehmensleitung bei Direktförderung stets von Bedeutung sein, doch Zurückhaltung ist hier geboten; die staatliche Förderungsverwaltung kann nicht alles wissen, das Management ist nicht „prüfbar". Wäre dies auch möglich, es bliebe unklar, welche Mängel in diesem kaum faßbaren Bereich durch welche Staatsleistung jeweils kompensiert werden könnten.

— *die Produktivität:* Nicht die Produktivität allein entscheidet über die Stärke eines Unternehmens auf dem Markt, wesentlich bleibt die Input-Output-Relation. Es genügt nicht, optimal zu produzieren, auf höchstem technischen Niveau, wenn die Erzeugnisse dann nicht günstig zu verkaufen sind; ein Beispiel dafür bietet jene Textilindustrie, welche höchste Produktivität zeigt, bei der aber viele Unternehmen, mangels hinreichenden Absatzes, alles andere als „stark" auf dem Markt erscheinen. Übrigens ist „Produktivität" auch insoweit, zum Teil wenigstens, eine problematische Orientierungsgröße, als hier die „starke Produktivität" eines Bereiches manchmal nur die Folge der Leistungen eines ganz anderen ist; die Produktivität der Textilindustrie beruht vor allem auf den höchst leistungsfähigen Erzeugnissen der Maschinenindustrie.

— *die Marktmacht:* Sicher können Monopolstellungen zu erheblicher „Unternehmensstärke" führen. Doch es spricht vieles dafür, bei strukturpolitischen Überlegungen, in der Regel jedenfalls, nicht von der Marktmacht auszugehen. Vor allem würde Marktmacht als beherrschendes Förderungskriterium eine monopolwirtschaftliche Grundentscheidung bedeuten: entweder Monopolisierung mit Staatshilfe — oder massive Antimonopolpolitik durch Strukturpolitik. Beides paßt nicht in das System der Wettbewerbsgesetzgebung und der gegenwärtigen deutschen Wettbewerbspolitik.

— *die Unternehmensgröße:* Sicher gibt es Projekte, die nur von großen Unternehmen konzipiert und durchgeführt werden können, bei deren Förderung also auch nur „Große" als Partner in Betracht kommen; bei den technologischen Problemen (unten 7) wird noch davon die Rede sein. Ebenso trifft es zu, daß solche Förderung der „Großen" nicht selten auf „Kleine" durchschlägt, Zulieferer etwa, welche durch die Kraft des „Großen" stark werden. Doch allgemein bedeutet Unternehmensgröße noch nicht Unternehmensstärke, sie ist keine Garantie für fortschrittliche Technologie; Unternehmensgröße als solche erbringt noch keinen Beweis für einen besonders hohen Beitrag zum Sozialprodukt, was etwa erhöhte Förderungswürdigkeit begründen könnte. Nicht selten würde ein derartiges Größekriterium nur den stark machen, der fähig ist, „viel zu nehmen, nicht viel zu geben"; und ohnehin muß ja darüber gewacht werden, daß der natürliche Subventionsvorsprung der „Großen", die über Lobbymacht verfügen, nicht allzu groß werde, daß die Förderungsgewalt nicht der Forderungsgewalt folge.

Mittelstandsförderung hat vielmehr eine lange und gute Tradition, nicht nur aus soziologischen, sondern auch aus ökonomischen Gründen: Nicht selten sind die Kriterien der „Prosperität" gerade hier erfüllt, entwickeln mittelständische Betriebe oft verdeckte, aber bedeutende Fortschrittskapazitäten. Über die ökonomische Berechtigung der Mittelstandsförderung besteht weithin Konsens, Förderung nach Marktgröße kommt daher allenfalls bei Großprojekten in Betracht.

e) Im Vordergrund der Definitionsversuche von „stark" und „schwach" in der Förderungspolitik steht deutlich das Kriterium der *Rentabilität*, nach dem auch in Japan die „Starken" bestimmt werden. In einer Wirtschaft, welche unter Absatzschwierigkeiten auf gesättigten Märkten leidet, entscheidet der Absatzmarkt über die „Stärke" einer Unternehmung. Ziel der Strukturpolitik muß es sein, die Unternehmen auf nicht gesättigte Märkte zu lenken und damit deren Rentabilität zu verstärken; so wäre es etwa schon bisher vorrangige Aufgabe gewesen, in von der amerikanischen oder japanischen Konkurrenz nicht besetzte Räume vorzudringen.

Das Rentabilitätskriterium muß allerdings mit Vorsicht, es kann nur differenzierend eingesetzt werden. Förderung rein nach Rentabilität könnte zu unerwünschter Monopolisierung führen. Die Gründe für mangelnde Rentabilität müssen nicht in den betreffenden Unternehmen, sie können in besonders ungünstigen Rahmenbedingungen oder außerhalb der nationalen Grenzen liegen: Durchaus „gesunde", an sich „starke" Unternehmen der deutschen Stahlindustrie leiden vor allem wegen Subventionierung ihrer Konkurrenz im Ausland unter Rentabilitätsschwäche.

Vor allem aber: Rentabilität als Förderungskriterium darf nicht nur eine Momentaufnahme sein, sie muß stets mindestens mittelfristig beurteilt werden, soweit dies irgendwie möglich ist. Wirtschaftlichkeit bedeutet ja nicht immer und mit Notwendigkeit Rentabilität — nicht selten treten Rentabilitätsschwächen trotz, vielleicht sogar wegen technologischer Stärke auf. Werden etwa die Entwicklungskosten gering gehalten, damit aber die Zukunftssicherung vernachlässigt, so mag ein solches „Abernte-Unternehmen" heute höchst rentabel sein; Förderung dieser Gegenwarts-Stärke aber wäre mehr als bedenklich.

Weil also „Rentabilität als Stärke" ein „Begriff" in Entwicklung" ist, dem laufenden Prozeß des Wettbewerbs und seinen Wandlungen unterliegt, ist die Förderungswürdigkeit ohne eine gewisse *Prognose* nicht zu bestimmen. Dabei gilt es, die „Zukunftsträchtigkeit" bereits entwickelter oder in der Entwicklung stehender Erzeugnisse zu beurteilen, die unterschiedlichen Chancen der einzelnen Produkte zur Chance des betreffenden Unternehmens zusammenzusehen. Die Erfahrung zeigt, daß die Förderungsgewalt dabei nicht allzusehr auf nur einen Punkt blicken, daß sie vielmehr möglichst auf „mehrere" Produkte, damit aber mehrere Chancen setzen sollte.

Die Subventionspraxis geht allerdings nicht selten aus politischen Gründen andere Wege: So wird beklagt, daß in der Energiepolitik Unrentables gefördert werde, z. B. im Kohlevorrang, während rentable Bereiche vernachlässigt würden, etwa Leichtwasserreaktoren.

Faßt man die Äußerungen zu „Stark" und „Schwach" zusammen, so besteht — neben der Betonung des Rentabilitätskriteriums — Konsens darin, daß eine „enge" Definition der Begriffe nicht befriedigen kann, daß es vielmehr gilt, mehrere Gesichtspunkte zu kombinieren, daß allenfalls auf diese Weise eine gewisse Annäherung an einen rationalen Begriff der Förderungswürdigkeit gelingen kann.

3. Verbesserung der Rahmenbedingungen oder gezielte Hilfe?

a) Wirtschaftsförderung erfolgt nicht nur durch gezielte Subventionierung, sondern auch, und in größtem Umfang, in „indirekter Form". Eine große Schwierigkeit rationaler Strukturpolitik liegt gerade in der Festlegung, welche Gestaltungen und Veränderungen von Rahmenbedingungen als „Förderung" in welchen Bereichen zu verstehen sind. Diese reicht von finanziell bestimmbaren Vergünstigungen bis etwa zu wirtschaftspsychologisch wirkenden Anreizen zu erhöhter Eigenverantwortung. Nicht immer ist es leicht, staatliche Maßnahmen, welche ersichtlich als Hilfe für die Wirtschaft gedacht sind, dem Bereich der direkten oder der mittelbaren Förderung zuzuordnen — dies gilt sowohl für Ausbildungsförderung wie insbesondere für die zahllosen Steuervorteile, ein ebenso unübersichtliches wie zentrales Instrumentarium der Staatshilfe. Solange es nicht gelingt, die direkten Subventionierungseffekte einigermaßen deutlich zu bestimmen, hat eine rationale Strukturpolitik keine volle Chance.

b) Immerhin orientiert sich aber heute die Praxis der Förderungsverwaltungen, wie die der Wirtschaft, an den Kategorien der *„direkten" und „indirekten" Staatshilfen* und sie stellt die Frage, ob dieser oder jener *grundsätzlicher Vorrang* einzuräumen sei.

Festzustellen ist eine Tendenz zu den Direktsubventionen. Dies stößt auf verbreitete Kritik, vor allem in der Wissenschaft, allgemein aber seitens all jener, welche hier interventionistische Gefahren für den Wettbewerb in einer Marktwirtschaft sehen (vgl. dazu auch 5). Die Verbesserung der Rahmenbedingungen solle wieder im Vordergrund stehen, nur so könne etwa Förderung von Aktivitäten auf gesättigten Märkten verhindert werden.

Demgegenüber wird vor allem auf einen gewichtigen Nachteil indirekter Förderung hingewiesen: Ihre Wirkungen seien weithin unbekannt, jedenfalls völlig unvorhersehbar. Wer Nutzen aus einer bestimmten Veränderung der Rahmenbedingungen ziehe, das sei ja der Förderungsgewalt gar nicht klar, ein Dialog mit dem wirtschaftenden Bürger könne hier nicht stattfinden. Gerade aus marktwirtschaftlicher Sicht sei ein derart verschleierndes Vorgehen bedenklich; im Steuerbereich insbesondere zeige sich eine ausufernde Unübersehbarkeit von fördernden Vergünstigungen, deren Aufsuchen weniger die Rentabilität der Unternehmen als die der steuerberatenden Berufe verbessere. So wird also dem Ruf nach „mehr indirekter |Förderung" durchaus die Forderung nach „mehr direkter Subvention" entgegengesetzt — mit deutlichen Grenzen allerdings: *Überlebenssubventionen* sollte es möglichst selten nur geben. Trotz kurzfristiger Erfolge mit Staatsgarantien für gefährdete Großkonzerne in den USA wird solches weithin abgelehnt, weil es sich eben doch voraussichtlich nur als Sterbehilfe auswirken könne; und wirtschaftliche Überlebensstrategien sollten die Unternehmen entwickeln, nicht der Staat.

c) *Staatsaufträge* haben sicher strukturpolitische Effekte, hier ist häufig auch eindeutig gezielte Subvention gewollt, amerikanische Großaufträge für Technologie und Verteidigung zeigen es. Es wird die These vertreten, Staatsaufträge seien allgemein die beste Form der Strukturpolitik, weil sich hier Elemente direkter und indirekter Förderung marktkonform verbinden ließen und die eigenverantwortliche Entscheidung der Unternehmen auf einem vom Staat erweiterten oder gar geschaffenen Markt erhalten bleibe. Dem wird allerdings entgegengehalten, in dieser Form könne strukturpolitisch nur auf gewissen Bereichen und vorwiegend lediglich über Hilfen für Großunternehmen eingewirkt werden. Selbst wenn man die Weitergabe von Förderungseffekten auf mittlere und kleinere Unternehmen berücksichtigt — einer Strukturpolitik durch Auftragsvergabe sind sicher schon sektoral Grenzen gesetzt, und sie wird auch nicht immer mit Notwendigkeit Zukunftsträchtiges begünstigen.

d) Grundsätzlich positiv ist das Urteil über die Notwendigkeit *regionaler Strukturpolitik;* sie ergibt sich schon aus Erfordernissen des Verkehrs oder der Volksgesundheit (Entsorgung), die über ökonomische Bedürfnisse im engeren Sinn weit hinausgehen. Hier werden ja auch einigermaßen faßbare Förderungskriterien laufend praktiziert, etwa in der Auslegung des Begriffs der „Prosperität" oder in der Bestimmung des Anteiles der aus der Region ausgeführten Erzeugnisse. Nicht selten ist Regionalförderung schon deshalb ein Gebot wettbewerbsneutralen Staatsverhaltens, weil ohne sie „Stärkere" wie „Schwächere" gleichermaßen unerträgliche Produktionsbedingungen vorfänden.

Doch auch hier fehlt es nicht an Fragen und kritischen Anmerkungen: Wie lassen sich sektorale und regionale Strukturpolitik überzeugend voneinander abgrenzen? Setzt regionale Förderung nicht Klarheit über sektorales Subventionsverhalten voraus — und gerade an dieser fehlt es doch nur zu oft. „Regionalförderung an sich" wäre wohl problematisch. Nicht immer konnten ja auch bisher die Erfolge solcher Staatshilfen befriedigen; strukturelle Schwächen der Zonenrandgebiete haben sich, trotz großer Anstrengungen, noch immer nicht ausgleichen lassen, und hier werden häufig mehr politische als ökonomische Ziele verfolgt.

e) So schwer auch die Effekte staatlicher Förderung, gerade bei indirekten Hilfen, im einzelnen vorhersehbar sein mögen — in einigen Richtungen zeigen sich *deutliche und typische Wirkungen der Förderung als solcher,* unterschiedlich für „Stärkere" und „Schwächere" vielleicht, nicht unproblematisch jedenfalls für die Gesamtwirtschaft:

— Das Spannungsverhältnis zwischen „stärkeren" und „schwächeren" Wirtschaftseinheiten — wie immer man diese bestimmen mag — wird häufig recht deutlich verschärft, *das „Feld auseinandergezogen"*. Förderung kommt nicht gleichmäßig allen zugute, eine Tendenz zur Stärkung der „Schnelläufer" ist unverkennbar, leicht wird so die Nachhut abgeschnitten.

— Jede auch nur einigermaßen gezielte Förderung löst andererseits erhebliche „Herdenwirkungen" aus: Gerade die Schwächeren werfen sich auf die geförderten Bereiche, in denen sodann ein vernichtender und gar nicht mehr von Marktbedürfnissen angeregter Wettbewerb beginnt und es rasch zur Marktübersättigung kommt; die Förderung der Stickstofferzeugung beweist es. Solche „Nachlaufeffekte" müßten, können aber nicht immer in Grenzen gehalten werden.

— Staatliche Förderung bringt schließlich meist eine gewisse *Festlegung der Wirtschaft für die Zukunft* mit sich. Hier werden Daten gesetzt, auch wenn nach „Gießkannensystem" verfahren wird, deren Auswirkungen nicht nur schwer übersehbar sind, die vor allem oft nicht mehr rückgängig gemacht werden können. Irreversibilität der Förderungswirkung — das ist eine ernste Mahnung, vor allem in einer Marktwirtschaft, welche gerade hier Zurückhaltung verlangt.

4. Strukturpolitik statt Wettbewerb?

a) Marktwirtschaftliches Mißtrauen gegen eine Strukturpolitik bricht immer wieder auf: *Wettbewerbsordnung und Strukturpolitik seien Gegensätze*, denn staatliche Förderung bleibe eben im Kern außerökonomische Politik, welche sich auch durch wirtschaftliche Erkenntnisse nicht orientieren lasse. Angesichts des massiven Einsatzes von Förderungsinstrumentarien aller Art könne selbst in der Bundesrepublik Deutschland nur mehr von einer Teil-Marktwirtschaft gesprochen werden. Wie sehr staatliche Anstrengungen zur strukturellen Veränderung „Politik" seien, nicht aber Ökonomie, zeige sich insbesondere darin, daß hier so vieles, allzuvieles vielleicht, offen sei und auch bleibe: In der Landwirtschafts- oder der Mittelstandspolitik gebe es eben, nach wie vor, ganz verschiedene Wege, und hier wähle die Staatsgewalt aus, nach ihrem politischen Belieben. Wenn schließlich Wettbewerb als laufender Prozeß zu verstehen sei, so könne Strukturpolitik letztlich doch immer nur als Eingriff wirken, als Intervention. Wettbewerbsneutrale Förderung wird zwar weithin gefordert, doch ebenso verbreitet ist die Skepsis, ob sie grundsätzlich überhaupt möglich sei.

b) *„Strukturpolitik in Richtung auf den Markt"* — diese Forderung muß aus marktwirtschaftlicher Sicht erhoben werden, sie kommt vor allem aus der ordnungspolitisch orientierten Wissenschaft. Dabei kann auf die strukturpolitischen Bemühungen der Nachkriegszeit hingewiesen werden, welche etwa Arbeitskräfte aus Schleswig-Holstein in die Ballungsgebiete an Rhein und Ruhr lenkten. Und war nicht auch Ludwig Erhard in diesem Sinne durchaus Strukturpolitiker? Die japanische Strukturpolitik hat sich jedenfalls stets als Stütze der Marktwirtschaft verstanden.

Im Zentrum solcher Bemühungen um eine „marktkonforme Strukturpolitik" müßte das Bemühen stehen, die Anpassung der Unternehmen an die Marktlage zu beschleunigen. Nicht selten allerdings — man denke nur an den Agrarsektor — wird sie gezielt dazu eingesetzt, solche Marktanpassung gerade zu verlangsamen oder gar zu verhindern — und damit den Markt interventionistisch zu beeinflussen.

c) Es stellt sich also doch die Frage: *„Förderung als Ergänzung der Marktwirtschaft"*, nicht nur als Marktreparatur?

In diesem Sinne ist Strukturpolitik nötig, wo kein Wettbewerb besteht oder wo er versagt, also im Raume der „Bereichsausnahmen". Daß solche marktergänzende Strukturpolitik möglich ist, steht außer Zweifel, dann aber gehen die Meinungen sogleich unüberbrückbar auseinander. Für die einen kann sie lediglich im Rahmen von „Ausnahmekatalogen der Marktwirtschaft" eingesetzt werden, andere wünschen die gezielte politische Einflußnahme auf den Wettbewerb, um dessen unerwünschte Auswirkungen zu korrigieren.

Einen gemeinsamen Nenner mögen solche Bestrebungen in dem übergeordneten Ziel einer *Wachstumspolitik* finden, auf welches Wettbewerb wie Förderung zu richten wären; doch es wird wohl nicht leicht sein, daraus Abgrenzungen für die Praxis, Grenzen für den Förderungsstaat zu entwickeln.

d) Konsens wiederum besteht über die Notwendigkeit „marktwirtschaftlicher Strukturpolitik" an einer Stelle: Strukturpolitik muß eingesetzt werden, um *strukturpolitische Hemmungen der Marktwirtschaft zu beseitigen*. Eine derartige negative Strukturpolitik der „Marktenthemmung" wird ganz allgemein gefordert und sie erscheint als eine entscheidende Hilfe für die Wirtschaft, die sich aus eigener Kraft aus derartigen Fesseln nicht befreien kann. Es darf nicht Sinn staatlicher Wirtschaftspolitik sein, immer mehr „Zettel durch immer größere Bürokratien zu jagen", den Antragsstaat zu stärken. Von der Steuerpolitik werden weniger positive Maßnahmen der Förderung verlangt als vielmehr der Abbau der hemmenden Regulations. Und eine „Strukturpolitik des Verzichtes auf Intervention" — wäre dies nicht ein Wort?

So sind denn Strukturpolitik und Wettbewerb nicht notwendig ein Gesetz — solange die Prioritäten deutlich sind; diese setzen allerdings die ordnungspolitische Wirtschaftswissenschaft und die Wirtschaft klar beim Markt.

Zusammenfassung der Aussprache 45

5. Strukturpolitik aus einem Guß?

Grundsatzfragen der Strukturpolitik, wie das Ausgangsproblem dieser Gesprächsrunde, können aus einer fest formulierten „Förderungs-Philosophie" heraus durchgehend wohl nur beantwortet werden, wenn eine „Strukturpolitik aus einem Guß" angestrebt wird, welche in systematischer Geschlossenheit die Definition von „Stark und Schwach" gestattet. Von alledem ist heutige Strukturpolitik in der Bundesrepublik Deutschland weit entfernt; bisherige Erfahrungen zeigen vielmehr, daß solche Globallösungen nicht möglich sind — zumindest nicht aus ökonomischer Sicht. Die Wirkungen der Förderungsmaßnahmen sind — davon war bereits die Rede — meist auch nicht annähernd im Einzelfall voraussehbar, allenfalls lassen sich Wirkungstendenzen ablesen, die aber nur recht allgemeine Feststellungen gestatten (vgl. oben 3).

Hinzu kommen noch weitere Schwierigkeiten, auf die übereinstimmend hingewiesen wird:

a) *Die Förderungswürdigkeit bereits läßt sich vorausschauend nur höchst unvollkommen beurteilen,* oft nicht einmal abschätzen. Ohne derartige Strukturprognosen bleibt jedoch der Versuch einer „Strukturpolitik aus einem Guß" von vorneherein zum Scheitern verurteilt. Ein Förderungssystem verlangt eine gewisse Förderungsvoraussicht, doch es fehlt eben an der Vorhersehbarkeit der Förderungswürdigkeit. Wer „stark" sein *wird* oder „schwach" — das zeigt der Markterfolg regelmäßig erst im nachhinein; prognostische Strukturberichterstattung stößt auf erhebliche Skepsis, und Nachlaufeffekte verändern nach erfolgter Staatshilfe oft gänzlich unvorhersehbar das Prognosebild; die Elektronik ist dafür ein Beispiel.

b) So ist denn Strukturpolitik weithin bis auf den heutigen Tag — eben doch „Feuerwehr" geblieben. Wo und wann Brände ausbrechen, ist unbekannt, reaktiv geht die Staatsgewalt zu ihrer Bekämpfung vor, mit direkten, nicht selten aber auch mit indirekten Staatshilfen. Dies sollte übrigens die Interventionsgefahr doch in Grenzen halten; jedenfalls aber schließt es eine fest formierte, durchgehende Förderungskonzeption praktisch aus.

Viel unsicheres Experimentieren ist hier die Folge, bis zur Vergeudung von Staatsmitteln, und all dies ist in den vergangenen Jahren in der Bundesrepublik Deutschland scharf kritisiert worden. Spätestens seit der Mitte der 70er Jahre sollte nun ein anderes versucht werden: die große Strukturpolitik aus einem Guß, die Fortsetzung früherer Reformpolitik in der beginnenden Rezession. Obwohl noch äußerlich in den Bahnen der Marktwirtschaft verlaufend, wandte sich solche systematische Strukturpolitik bald an vielen Punkten frontal gegen ökonomische Ablaufgesetzlichkeit. Sie war eben nicht primär wirtschaftlich, sondern weithin „gesellschaftspolitisch" konzipiert, das Ziel war nicht funktionierende Wirtschaft, sondern veränderte Gesellschaft. Diese Veränderung des Ausgangspunkts, die bei vielen noch nicht überwunden ist, führte zum Scheitern der systematischen Strukturpolitik und mahnt zu Förderungsbescheidenheit. Vielleicht führt doch der Weg „zurück zur Feuerwehr".

c) Nicht nur unter der Unklarheit der wirtschaftspolitischen Zielsetzungen leidet heutige Strukturpolitik, vielmehr unter einer Unvorhersehbarkeit von Entwicklungen, welche „Förderung aus einem Guß" ausschließt; gerade in diesem Zusammenhang wird mit Nachdruck darauf hingewiesen, daß ein Förderungssystem, daß Staatshilfen überhaupt deshalb immer wieder zum Problem werden, weil *Unklarheit über die Gründe der heutigen wirtschaftlichen Schwierigkeit* bestehe, denen aber durch Strukturpolitik begegnet werden solle.

Manche sehen Ursachen für die Konjunktureinbrüche vor allem in der Unsicherheit der Entwicklung floatender Wechselkurse und fordern eine wenigstens teilweise Rückkehr zu früherer Stabilität, die allein kalkulierbare Außenhandelspolitik und damit auch sinnvolle Staatshilfen in diesen wichtigen Bereichen ermögliche. Vieles sei überdies auf die Fehlleitung der

Ölgelder zurückzuführen. Andere sehen die Probleme im überschnellen technologischen Fortschritt, im allzu forcierten Wachstum früherer Jahre, im unverhältnismäßig raschen Ansteigen des Wohlstandes, nicht zuletzt auch in einer verfehlten Bildungspolitik.

Wo immer der Schwerpunkt der Gründe für die Wirtschaftskrise liegen mag — jede dieser Diagnosen müßte andere Akzentsetzungen in der Strukturpolitik verlangen, soll durch sie wirksam und nicht nur durch Konjunkturpolitik vom Staat „gegengesteuert" werden. Und eine Strukturpolitik aus einem Guß gar wäre nur vorstellbar, wenn über eine einheitliche Erklärung gegenwärtiger ökonomischer Schwierigkeiten Konsens bestünde; davon kann jedoch keine Rede sein.

Größere und ganz grundsätzliche wirtschaftspolitische Meinungsunterschiede, mehr noch: wahre „Philosophiegegensätze" verhindern systematische Strukturpolitik. Sie müßte sich doch vor allem auch zwischen Angebots- und Nachfrageökonomie entscheiden — oder zu einer klaren Kombination beider sich bekennen.

So wird man sich denn auch in nächster Zeit noch damit abfinden müssen, daß mehr als tastende Strukturpolitik kaum möglich ist, auch in der Entscheidung zwischen „Starken" und „Schwachen" — vielleicht von Unfall zu Unfall, in der Hoffnung, daß sie, ganz unsystematisch, „Fälle reparieren kann", welche ohne allzugroßen Schaden für das Ganze gelöst werden können.

Die allgemeinen Betrachtungen zur Ausgangsfrage rechtfertigen also doch weithin Förderungsskepsis, verlangen wenigstens Bescheidenheit. Das kann aber nicht totale Orientierungslosigkeit bedeuten, weil Ziele überhaupt nicht erkennbar wären. Heute vieldiskutierte Strukturprobleme, insbesondere die Arbeitsplatzsicherung, die Technologieförderung, die Bewahrung internationaler Wettbewerbsfähigkeit verlangen nach orientierenden Antworten.

6. Arbeitsplatzsicherung durch staatliche Förderung?

Diese Frage steht im Mittelpunkt der gegenwärtigen wirtschaftspolitischen Diskussion, sie wird wie kaum eine andere kontrovers erörtert. Das Meinungsspektrum reicht von der These, daß heute Strukturpolitik mit absolutem Vorrang Arbeitsmarktpolitik sein müsse, bis zur Position derer, welche Arbeitsplatzschaffung und -sicherung allein von einem wirtschaftlichen Aufschwung erwarten und in einer strukturellen Beschäftigungspolitik sogar eine mögliche Gefahr für das erforderliche Wachstum sehen.

Die Vielfalt und Gegensätzlichkeit der Auffassungen zu diesem Problemkreis zeigte sich auch in der Aussprache.

a) Von vielen wird entschieden in Abrede gestellt, daß der Schaffung und Sicherung von Arbeitsplätzen Vorrang in der Strukturpolitik zukommen dürfe; überwiegend spricht man sich sogar dafür aus, daß *Beschäftigungspolitik gerade heute kein legitimes Ziel staatlicher Strukturpolitik sein könne*. Ein Rückgang der Arbeitslosigkeit sei nur durch eine Wirtschaftspolitik zu erreichen, welche sich als Konjunkturpolitik verstehe und im übrigen entschlossen auf Wachstum setze. Die gegenwärtigen Beschäftigungsprobleme seien nicht zuletzt das Ergebnis einer auch wirtschaftspolitisch mitverschuldeten zu langsamen Anpassung an strukturelle Änderungen, vor allem aber hemmten sozialpolitisch begründete arbeitsrechtliche Regelungen, insbesondere der starke Kündigungsschutz, eine auftragsangepaßte Beschäftigungspolitik. In zunehmendem Maße sei hochqualifiziertes Management damit beschäftigt, Unternehmenspolitik unter Arbeitsplatzgesichtspunkten zu betreiben, die Anpassung an die veränderte Beschäftigungslage werde immer schwieriger. Durch die Notwendigkeit der Aufstellung aufwendiger Sozialpläne träten entscheidende Rentabilitätsverluste ein — insoweit werde dann Strukturpolitik zu einer höchst bedenklichen Subventionierung der durch Beschäftigungspolitik geschwächten Unternehmen. Die Entwicklung tendiere eindeutig dahin, daß immer mehr Arbeitnehmer unter der Produktivitätsschwelle eingesetzt würden — in Schweden sei der Prozentsatz der unterproduktiv Beschäftigten bereits erschreckend.

Strukturpolitik als Beschäftigungspolitik — das sei eben letztlich Sozialpolitik, nicht Wirtschaftspolitik; wer letztere führen wolle, dürfe dort keine beschäftigungspolitisch motivierten Schwerpunkte der Strukturpolitik setzen.

b) Von anderen wird demgegenüber darauf hingewiesen, daß Strukturpolitik seit langem, wenn nicht herkömmlich, *zumindest auch Beschäftigungspolitik* sei; gerade darin komme der Primat der Politik deutlich zum Ausdruck. Strukturpolitik als Sozialpolitik werde vom Stabilitätsgesetz ausdrücklich gefordert, wenn dort auch kein Vorrang für Schaffung und Sicherung von Arbeitsplätzen festgelegt sei. Eine sozial neutrale Strukturpolitik dürfe es deshalb nicht geben. Dies sei auch ökonomisch durchaus legitim, denn allein durch wirtschaftspolitische Maßnahmen lasse sich die Beschäftigungslage eben nicht stabilisieren. Von einer reinen Angebotspolitik dürfte nicht ausgegangen werden; vielmehr müsse ein ganzes Bündel von Maßnahmen zur Strukturverbesserung eingesetzt werden, die zumindest indirekt auch beschäftigungspolitisch wirken sollten. Im übrigen dürfe auch die Lohnstrukturpolitik bei den Bemühungen um Entspannung der Arbeitsmarktlage nicht vernachlässigt werden. Immerhin sei es ja auch durch staatliche Förderung, etwa im elektronischen Bereich, gelungen, eine große Zahl von Arbeitsplätzen zu schaffen und zu erhalten. Die Wirkungen staatlicher Strukturpolitik seien hier direkt ablesbar.

Strukturpolitik als Beschäftigungspolitik — in solcher Zuspitzung wird die These nicht vertreten. Berücksichtigung der Arbeitsmarktlage in der Strukturpolitik — nicht zuletzt zur Entlastung der Ordnungspolitik — auf diesen Nenner lassen sich diese Auffassungen insgesamt bringen, welche eine Beschäftigungs-Strukturpolitik eben als eine unverzichtbare und wichtige flankierende Maßnahme aller Wachstumspolitik verstanden wissen wollen.

c) Übereinstimmung besteht dagegen darin, daß *den Gewerkschaften ein entscheidendes Gewicht* in der Frage einer „Staatsförderung für Arbeitsplätze" zukomme. Strukturpolitik als Beschäftigungspolitik — in den meisten Fällen dient dies in erster Linie der sozialpolitischen Beruhigung der mächtigen Arbeitnehmervereinigungen, nicht selten ohne die erforderliche Rücksicht auf ökonomische Auswirkungen für die Gesamtwirtschaft und auf die Lage der einzelnen Unternehmen.

Die Arbeitgeber befürchten überdies, daß es den Gewerkschaften bei ihren strukturpolitischen Beschäftigungsforderungen nicht zuletzt darum gehe, über derartige Staatshilfen und deren Kontrolle, die ja bereits einen Beginn von Investitionslenkung darstellen, tiefere Einblicke in die Unternehmenspolitik und Ansatzpunkte für erweiterte Mitsprache zu erhalten. Immer wieder wird von dieser Seite auf das verantwortungsvolle Verhalten der Gewerkschaften in den Industriespitzenländern USA und Japan hingewiesen. Dort riefen die Vertreter der Arbeitnehmer nicht sogleich bei Beschäftigungsproblemen nur den Staat und seine Hilfen ins Haus; sie seien bereit, bis hin zu einschneidendem Lohnverzicht eine ökonomisch begründete Gesundungspolitik in den Unternehmen, zusammen mit den Arbeitgebern, zu tragen.

Wie immer man also die Chancen einer „Beschäftigungspolitik als Wirtschaftspolitik" beurteilt — sie werden letztlich weithin vom Verständnis der Gewerkschaften abhängen.

7. Technischer Fortschritt — durch Staatshilfen lenkbar?

Forschung und Entwicklung, vor allem im Bereich neuer Technologien, sind heute bereits ein „klassisches" Feld staatlicher Förderung, hier ist diese, im Grundsatz, am wenigsten umstritten, die Förderungspraxis weit entwickelt und verfeinert. Wenn schon keine volle „Wettbewerbsneutralität der Subventionen" erreicht werden kann — hier scheint doch, durch „direkte Staatshilfen mit indirekten Wirkungen", die Subventions-Intervention am ehesten noch in erträglichen Grenzen zu bleiben.

a) Eine wichtige Vorfrage solcher Technologie-Förderung wird allerdings viel diskutiert: *Leiden wir an zuviel, nicht an zuwenig technischem Fortschritt?* Die These von der Gefährlichkeit einer allzu raschen technologischen Entwicklung ist schon früher in der Nationalökonomie mit Nachdruck vertreten worden, nicht wenigen erscheint sie heute besonders aktuell. Hat nicht eine allzu rasche Entwicklung, verbunden mit den typischen Nachlaufeffekten bei den „Schwächeren", in vielen Bereichen zu einem Wettbewerb geführt, der Rentabilität über Gebühr beeinträchtigt? Mußte sich diese Entwicklung nicht gerade in den letzten Jahren bedenklich verschärfen, weil frühere Anpassungsverzögerungen dann erst recht durch überstürzte technologische Fortschrittsversuche kompensiert werden sollten? Ist es Aufgabe staatlicher Strukturpolitik, all diese bedenklichen Abläufe auch noch zu forcieren?

Doch auch die Gegenmeinung wird mit Nachdruck vertreten: Die Wirtschaft der Bundesrepublik Deutschland leide nicht an zu raschem, sondern an zu langsamem technischen Fortschritt. Das Problem liege in der häufigen Fehlleitung von Fortschrittsenergien auf gesättigte Märkte, während noch unbesetzte Bereiche vernachlässigt würden. Dies dürfe allerdings nicht zur technologischen Verarmung bisher an der Spitze liegender Bereiche führen, weil dort sonst nicht nur ein Rückfall, sondern der Zusammenbruch drohe.

Da das Tempo des technischen Fortschritts von der Dynamik der wesentlich international sich entfaltenden Forschung und Fertigungstechniken bestimmt sei, deren Ergebnisse auf zahllosen Kanälen importiert würden, könne Verlangsamung hier nie ein Rezept sein. Durch Forcierung des Tempos, die eben eindeutig „Hilfe für Schnelläufer" bedeute, müßten vielmehr die technologischen Entwicklungsprämien soweit wie möglich der eigenen Volkswirtschaft gesichert werden.

Insgesamt überwiegen solche Auffassungen doch so eindeutig, daß die Frage „technischer Fortschritt als Gegenstand staatlicher Förderung" nicht verneint werden kann.

b) *Strukturpolitik des Staates als Entwicklungs- und Technologieförderung* — das weckt nun aber, selbst wenn die Aufgabe als solche bejaht wird, doch immer wieder *mannigfache Bedenken*. Wenn sie nicht auf konkrete Markterfolge hin möglich ist, wenn spätere Rentabilität hier im Dunkel bleiben muß — welches sind die Auswahlkriterien? Kann die Wirtschaftswissenschaft dann doch überzeugend begründen, was erforscht und entwickelt werden müsse „um jeden Preis", auch um den des Einsatzes der Staatsfinanzen? Läßt sich hier eine Form makroökonomischer „Standbeintheorie" entwickeln, ein „Seefahrt tut not" moderner Technologie? Viele Fragen werden gerade hier gestellt — und bleiben meist offen.

Wirtschaftliche Betrachtungsweise will eben doch faßbaren Nutzen erkennen können — was bringt aber die Förderung von Forschung und Entwicklung, außer den entsprechenden Arbeitsplätzen, mit Sicherheit? Sind hier nicht die Grenzen einer wie immer verstandenen rationalen Strukturpolitik rasch erreicht, ist da nicht alles politische Zukunftshoffnung, weniges nur ökonomisches Kalkül? Zu allen diesen Bedenken kommt die tiefe und immer wieder aufbrechende Abneigung aller Ordnungspolitik, aber auch der forschenden Wissenschaft, gegen die staatliche Forschungsförderungsbürokratie. Nicht zum ersten Mal wurde in dieser Gesprächsrunde offen die Forderung nach Auflösung von Forschungs- und Technologieministerien laut. Die Forschungsförderungspolitik, die dort konzentriert betrieben werde, könne nicht überzeugen, die Entscheidungen fielen zu weit ab von der Praxis und nicht hinreichend unter ökonomischen Gesichtspunkten.

Insgesamt zeigt sich, daß eine Einordnung der Forschungsförderungspolitik in die allgemeine Wirtschafts-, vor allem aber in die Wachstumspolitik bisher noch nicht befriedigend gelungen ist. Hier liegt wohl eine wichtige Aufgabe, die nur in enger Kooperation von Politik, Wirtschaft und Wirtschaftswissenschaft angegangen werden kann.

c) Die Ausgangsfrage der Gesprächsrunde nach den Prioritäten staatlicher Förderung stellt sich für den Bereich der Forschung und Entwicklung in besonderer Weise. Hier fragt es sich ja, ob die „Kleinen" überhaupt gefördert werden können, ob insbesondere gewisse Direktsubventionierungen nicht *eine bestimmte Größenordnung* der vom Staat zu unterstützenden Unternehmen zwingend verlangen.

Daß die Unternehmensgröße Prämien der Forschungs- und Entwicklungsförderung verleiht, ist Erfahrungstatsache. Unbestreitbar ist auch, daß die Größenordnung nicht in jedem Fall den im Unternehmensbereich einzusetzenden geistigen Kapazitäten entsprechen muß. Nicht selten läßt sich sogar feststellen, daß im technischen Fortschritt „die Kleinen die Großen jagen". Dennoch bleibt in der Regel die Aufnahme- und damit die Förderungsfähigkeit, namentlich bei Direktsubventionierung, durch die Betriebsgröße bedingt. Gerade eine weitgehend zentralisierte Forschungsförderung auf nationaler Ebene wird die „Großen" vielfach begünstigen müssen. Bestimmte Forschungs- und Entwicklungsprojekte konnten von jeher nur von Großbetrieben, zum Teil sogar unter dem Schutz eines Monopoles, in Angriff genommen werden — Bunaentwicklung und Kohleverflüssigung durch die IG-Farben zwischen den Weltkriegen beweisen es. Gerade heute wachsen chemische und andere Forschungen und Entwicklungen in finanzielle Größenordnungen hinein, deren Belastung kleinere Unternehmen überhaupt nicht mehr, große nur mit staatlicher Hilfe tragen können; ein mittleres chemisches Unternehmen verfügt heute nicht mehr über die finanzielle Kraft und Ausdauer, etwa ein neues Krebsmittel zu entwickeln.

So zieht nicht so sehr das größere Unternehmen, es lenkt das Großprojekt staatliche Förderung des technischen Fortschritts mit einer gewissen Notwendigkeit auf sich. Und „Größenordnungen" sind auch noch in einem anderen Sinne technologisch von Bedeutung: Soweit der technische Fortschritt insbesondere in amerikanischen Größenordnungen von Märkten und Unternehmen sich entwickelt, wenn hier deutsche Unternehmen in Wettbewerb treten müssen zu ausländischen Wirtschaftsgiganten, so genügt die gegenwärtige Dimension selbst deutscher Großbetriebe nicht mehr, wird sie nicht im europäischen Rahmen erweitert — auch durch staatliche Hilfe.

Hier mündet die technologische Problematik wieder in eine allgemeinere Frage:

8. Internationale Wettbewerbsfähigkeit — eine Aufgabe des Förderstaates?

a) Wirtschaftliche „Stärke" und „Schwäche" vieler Unternehmen und ganzer Branchen lassen sich heute nicht mehr allein im nationalen Rahmen bestimmen. *Von entscheidender Bedeutung ist die internationale Wettbewerbsfähigkeit.* Wenn schon Strukturpolitik als „Feuerwehr" verstanden wird — das Feuer bricht selten „allein im eigenen Garten" aus, meist lassen sich Löschaktionen auf ihn nicht beschränken. Hängt dann nicht strukturelle „Stärke" im Inland ganz allgemein von der Stellung ab, welche die deutsche Volkswirtschaft in der internationalen Konkurrenzsituation einnimmt?

Geht man davon aus, so stellt sich staatlicher Strukturpolitik die vorrangige Aufgabe, die sektorale Anpassung an die internationale Wettbewerbslage zu fördern. Wie schwierig dies ist, weil gerade hier langfristige Prognosen erforderlich wären, zeigt sich etwa beim Schiffbau — kann in Deutschland die Werftpolitik so rigoros der Konkurrenzlage angepaßt werden, wie dies im Fernen Osten geschieht?

b) Doch nicht Anpassungssubventionierung allein ist Aufgabe des Förderungsstaates, es stellt sich auch das Problem der *Abwehrsubvention gegen übermächtigen oder gar unlauteren Wettbewerb.*

Die Bundesrepublik Deutschland hat sich stets zu einer liberalisierten Weltwirtschaft ohne protektionistische Schranken bekannt. Für viele Branchen bringt diese Entscheidung an sich schon schwere Opfer und strukturelle Gefahren mit sich. Amerikanische Marktgrößen stehen nicht zur Verfügung, welche strukturelle Anpassungsprozesse selbst ohne Staatshilfe begünstigen könnten; auch die Europäische Gemeinschaft hat hier längst nicht alle Erwartungen erfüllt. Der Ruf nach einem Staat, der dies durch seine Förderung wenigstens in Grenzen ausgleichen soll, wird daher nicht verstummen, er kann nicht von vorneherein als illegitim erscheinen.

Selbst wenn nämlich die deutschen Unternehmen die Lasten der engeren Märkte, der bescheideneren Kapazitäten auch strukturell im Namen eines freien internationalen Wettbewerbs bewältigen müssen — sie stehen darüber hinaus in vielen Sektoren in einer Konkurrenz, die vom Ausland, aus der Sicht einer liberalisierten Weltwirtschaft, mit „unlauteren Mitteln" geführt wird. Besonders bedenkliche Beispiele lassen sich gerade in Europa aufzeigen. An sich „gesunde", ja „starke" Unternehmen, vor allem in der deutschen Stahlindustrie, werden immer „schwächer" durch eine französische Konkurrenz, deren Defizite einfach vom Staatshaushalt übernommen werden; und japanische Wirtschaftsförderung geht zwar in weniger etatistischer Form, nicht selten aber in ähnlich einseitiger Weise zum Schutze nationaler Interessen vor. Die Hoffnung, daß derartige Subventionierung des Wettbewerbs durch die Wechselkursentwicklung ausgeglichen würde, habe sich, wie das Beispiel Japans zeigt, nicht immer erfüllt.

Überall und in zunehmendem Maße werden staatliche Protektionismen aufgebaut, mit nationalen Strukturdirigismen wird der Wettbewerb beeinflußt. Große Volkswirtschaften, etwa die Frankreichs, entwickeln sich zu „halb offenen" — aus deutscher Sicht — zurück. Immer häufiger wird daher die Staatsgewalt in der Bundesrepublik Deutschland vor die Frage gestellt, ob sie Grenzen schließen oder Export subventionieren solle; eine Strukturpolitik der gezielten Abwehrsubventionen mag dann noch als ein weniger einschneidendes Mittel erscheinen, welches zumindest die Freiheit des Welthandels nicht noch weiter einschränkt.

Daß also staatliche Strukturpolitik zur Bewahrung internationaler Wettbewerbsfähigkeit heute gefordert ist — daran kann kein Zweifel bestehen.

c) An einem Punkt allerdings wird zur Vorsicht gemahnt, damit deutsche Strukturpolitik nicht durch grenzüberschreitende Wirkungen Außenhandelsgefahren für die Bundesrepublik Deutschland heraufbeschwöre: Der Grad der Herausforderung schwächerer ausländischer Konkurrenz darf nicht durch deutsche international wirkende Strukturpolitik in einer Weise gesteigert werden, daß dies zur Entmutigung jener Leistungsfähigen führt, welche die notwendige wirtschaftliche Stärke der ausländischen Abnehmerländer gewährleisten. Zwar mag hier die Marktwirtschaft Korrektive des Wettbewerbs bieten; doch nicht von der Hand zu weisen sind Bedenken, es könne, gerade durch die Förderung wirtschaftlich „Schwächerer" im Inland, die *Ökonomie der Schwellenländer beeinträchtigt werden*, durch ein für sie schwer erträgliches strukturpolitisches „Höhersetzen der Schwelle". Kaufkraftverlust in jenen Ländern müßte dann die Folge sein, vielleicht ein Spiralvorgang zu Abwertungen, weiterem Kaufkraftverlust usw. ... — jedenfalls zu verstärkten Absatzschwierigkeiten für deutsche Produkte.

So wichtig also Außenhandelsgesichtspunkte in der Strukturpolitik sein mögen — in kaum einem Bereich werden größere Risiken sichtbar im Gefolge staatlicher Förderung.

9. Grenzen der Förderung: Investitionslenkung — der „Subventions-Sozialstaat"

a) Staatliche Förderung ist eine Form des Interventionismus — daran führt kein Weg vorbei. Aus marktwirtschaftlicher Sicht wird sie daher stets mit Zurückhaltung, wenn nicht mit

Mißtrauen betrachtet werden. Sicher steht sie, gerade in der Vielfalt ihrer Gegenstände und Ziele, immer in der Versuchung eines interventionistischen Aktionismus aus politischen Gründen, der eine Gefahr für die Marktwirtschaft bedeutet. Vor allem aber wird mit guten Gründen darauf hingewiesen, daß alle Direktsubventionen, ja selbst viele indirekte Förderungsmaßnahmen, eben doch nichts anderes seien als erste Schritte auf dem Wege zu einer *Investitionslenkung*, welche nicht in die Wirtschaftsordnung der Bundesrepublik Deutschland passe. Es zeigt sich übrigens gerade bei der staatlichen Förderung, daß solche Investitionslenkung, soll sie den Kontakt mit den ökonomischen Realitäten nicht verlieren, umfangreiche Kosten-Nutzen-Analysen, im Grunde für jeden Einzelfall, erfordern würde, was wiederum zu einer unerträglichen Aufblähung bürokratischer Apparate führen müßte.

Diese Bedenken können nur dann entkräftet werden, wenn auf „systematische Förderung" verzichtet wird, gleich ob sie „Starken" oder „Schwachen" zugute kommen soll. Von Vertretern der Wirtschaft wie der Wissenschaft ist in dieser Gesprächsrunde ein nahezu *einmütiges Bekenntnis zu einer zurückhaltenden und begrenzten Förderungspolitik* abgelegt worden, welche dort jedenfalls aufhört, wo systematische, großflächige Investitionslenkung die notwendige Folge wäre, oder gar erklärte Absicht.

b) Doch die Bedenken gegen eine Ausweitung der Förderungsstaatlichkeit gehen noch tiefer, bis hinein in jene Wirtschaftspsychologie der freien Unternehmerentscheidung, welche im Zentrum der Marktwirtschaft steht.

Staatshilfen werden heute in solcher Breite gewährt, daß der ursprüngliche Ausgangspunkt der „Subvention", die doch gezielt einen „Einzelfall" erfassen sollte, längst verlassen ist. Staatliche Förderungen in solcher Größenordnung, zu denen sich die demokratischen Gewalten schon aus Gründen der Gleichheit verpflichtet fühlen, sind letztlich nur eine Form der laufenden Umverteilung von riesigen Ausmaßen. Darin wechseln auch die Begriffe „stark" und „schwach" auf der Seite der Nehmenden ihre Bedeutung. Die Stärkeren müssen zu „Schwächeren" werden, sich jedenfalls als solche darstellen, um mit Staatshilfen überleben zu können. Die Folge ist nicht nur die Entwicklung des allzu bekannten Darstellungsgeschickes eigener Schwächen, das sich im Subventionsstaat rasch steigert, eine Flut von Berichten, welche der staatlichen Wirtschaftspolitik ein nicht immer zutreffendes Bild ökonomischer Realitäten vermittelt. Ungünstiger noch wirkt eine sich entfaltende „Subventionsmentalität", welche zum rent seeking übergeht — mitten in jener Marktwirtschaft, welche mit unternehmerischer Risikobereitschaft steht und fällt. Am Ende könnte es zu einer Deformation der Wirtschaftspolitik zur Sozialpolitik kommen, bei der dann letztlich die Frage Förderung für „Starke" oder „Schwache" gar nicht mehr aufträte, weil auch die Starken mit Staatsunterstützung — oder um diese zu erlangen — „schwach" geworden wären.

Die freie Wirtschaft als Teil einer „unterstützten Gesellschaft", ein „Subventions-Sozialstaat" — das wäre vielleicht eine Antwort auf die Frage nach der Förderungswürdigkeit, sie stünde aber am Ende jeder Freiheit in der Marktwirtschaft.

Ernst Helmstädter   Walter Leisner

Printed by Libri Plureos GmbH
in Hamburg, Germany